Einführung

Vermisst auf Norderney

Unbehelligt von der Polizei gelingt es einem flüchtigen Strafgefangenen, in Norddeich an Bord der FRISIA III zu kommen. Während die Fähre im Hafen von Norderney anlegt, wird unter Deck eine Leiche gefunden. Kurze Zeit später ist die Insel schlagartig von der Außenwelt abgeschnitten.

Ein kräftiges Orkantief, mit Windgeschwindigkeiten bis zu 140 km/h, ist der Grund. Kaum, dass die ersten Baugerüste umstürzen, niedrig gelegene Bereiche der Hafenanlage unter Wasser stehen und Menschen Schutz in ihren Häusern suchen, verschwindet ein achtjähriges Mädchen. Ohne Einwilligung der zuständigen Staatsanwaltschaft beginnt Hauptkommissarin Lea Landgraf mit der Suche. Was sie nicht ahnt: Das Kind ist in der Gewalt des flüchtigen Straftäters. Dieser gilt als skrupellos und gewaltbereit.

Bei heftigem Regen, Hagelschauern und kräftigen Orkanböen wird Leas Ermittlungsarbeit zum Horrortrip. Trotz aller Widrigkeiten muss sie das Kind finden, bevor der flüchtige Straftäter ein Unheil anrichtet. Ohne Unterstützung nimmt sie die Herausforderung an.

Die wichtigsten Personen und Orte:

Lea Landgraf · Kriminalhauptkommissarin

Dr. Carsten Maibach · Staatsanwalt, Aurich

Sabine Kirsch · Verwaltungsfachangestellte

Flessner · Polizeihauptmeister, Norderney

Sven Kreuzer · freier Journalist, Norderney

Martha Hinrichs · Rentnerin und Vermieterin

Doktor Kaßmann · Inselarzt u. Notarzt

Johann Jacobs · Kriminalhauptkommissar aus Aurich

Stella · Leas beste Freundin, Hannover

Calvin · Freund, Künstler, Hannover

Aurich · Kreisstadt in Ostfriesland

Norderney · zweitgrößte ostfriesische Insel

Kapitel 1

Manchmal, bei Nord-Ost-Wind, hörte sie das Meer. Heute war es still. Sehr still. Sie schaltete das Licht der Nachttischlampe ein und richtete sich im Bett auf.

»Was ist los? Kannst du nicht schlafen?«, fragte er.

Angstvoll schaute sie zu ihrem Mann.

»Wird er kommen?«

»Nein. Wie sollte er. Ungefähr die Hälfte seiner Strafe hat er erst verbüßt. Acht Jahre sind eine lange Zeit. So schnell wird er hier nicht auftauchen. Mach dir keine Sorgen. Er kann uns nicht gefährlich werden. Noch nicht.«

»Du hast doch den Brief von dem Anwalt gelesen.«

»Ignoriere den Brief. Er kann von dort nicht fliehen.«

»Wenn doch?«

»Nein. Es ist unmöglich. Er wird nicht kommen.«

»Und wenn er doch kommt?«

»Daran möchte ich jetzt nicht denken.« Klaus Tjaden strich seiner Frau sanft über das Gesicht. »Mach dir keine Sorgen, Liebes. Leg dich wieder hin und schlaf.«

Doch es ließ ihr keine Ruhe. »Wenn er kommt, wird unser Leben nicht mehr so sein, wie es einmal war. Beten wir, dass ihm die Flucht nie gelingen wird«, sagte sie mit bebender Stimme. Weinend vergrub sie ihr Gesicht in das weiche Daunenkissen. »Ich habe Angst um unsere Kinder«, schluchzte sie. »Sie sind noch so klein.«

»Sollen wir mit der Polizei reden?«

»Nein. Die Polizei kann uns nicht beschützen. Du weißt, worum es geht.«

»Ja. Du hättest dich nie auf diese Sache einlassen sollen.« Vorwurfsvoll schaute Klaus Tjaden zu seiner Frau.

»Was sollte ich damals machen? Ich war allein. Hatte ein kleines Kind. Kein Geld, keine Wohnung und keine Arbeit. Ich hatte keine Wahl.«

Sie schwiegen einen Moment.

»Seit Juni ist Thormann wieder auf freiem Fuß«, erinnerte er sie.

»Ich weiß«, sagte sie leise.

»Was ist, wenn statt Krüger Thormann hier auftaucht?«

»Dann können wir wirklich nur den Himmel um Hilfe anflehen. Thormann ist eiskalt.«

Kapitel 2

Lea war sich nicht sicher, ob sie die richtige Entscheidung getroffen hatte. Den Vormittag verbrachte sie in der City. Sie lief durch die Stadt, setzte sich in ein Café, frühstückte, trank Kaffee, kaufte sich Sweatshirts, Sneakers, Wäsche und einen handlichen Rucksack. Es war schon Mittag, als sie sich einen Latte macchiato gönnte und nachdenklich auf den belebten Ernst-August-Platz schaute. Irgendwie hatten der Trubel, die vielen Menschen, der Autoverkehr und das Rattern der Straßenbahnen etwas Magisches an sich. Einerseits liebte sie die Ruhe, war gern in der Natur, aber anderseits brauchte sie das pulsierende Leben der Stadt.

SEIT DREI STUNDEN war sie wieder zuhause. Sie lief durch ihre Wohnung, als würde sie von einem unsichtbaren Makler geführt. Zimmer für Zimmer schaute sie sich an. Blickte in jeden Winkel, begutachtete Türen und Fenster, verweilte Minuten in jedem Raum und beendete ihre Tour auf ihrem Lieblingsplatz in der Küche. Lea saß einfach so da, spielte mit den Brötchenkrümeln, die noch vom Abendessen auf dem Tisch lagen, und dachte nach. Sollte sie das hier wirklich alles aufgeben? Sollte sie das hier für eine Karriere in Ostfriesland opfern?

Was war das für eine Perspektive: »Kriminalhauptkommissarin am Arsch der Welt«. Lagen ihre Freunde beim LKA mit dieser Behauptung richtig?

Nein, dachte Lea, Ostfriesland und insbesondere Norderney hatte diese Bezeichnung nicht verdient. Zugeben, Norderney war nicht mit Hannover zu vergleichen, aber die Insel hatte ihre Reize.

Hier, in der Landeshauptstadt, gab es keine berufliche Herausforderung für sie. Was könnte Ostfriesland ihr langfristig bieten? Sie wollte es herausfinden.

Kapitel 3

Sie war neu, von Experten geplant und extrem gut gesichert. Diese Information bekam Krüger beim ersten Hofgang brühwarm serviert. Werner Stachowitz, genannt »Stacho«, saß seit zwei Jahren in Oldenburg. Alkoholisiert war er in eine Gruppe junger Leute gefahren, die gerade vom Stoppelmarkt in Vechta kamen.

Stacho war nicht blöd. Er hatte, bevor er Gast der JVA wurde, als Polier auf dem Bau gearbeitet. Später hatte er täglich 14 Stunden in einem fleischverarbeitenden Betrieb in Cloppenburg geschuftet. Der Stress dort hatte ihn, wie er sagte, an den Suff gebracht. Jetzt saß er, fast reumütig, neben dem »skrupellosesten Gewaltverbrecher, den es je in Ostfriesland gegeben hatte«. Diesen Titel gab ihm die Presse. Horst Krüger hatte vor drei Jahren mit zwei Komplizen Juweliere überfallen und später Geldautomaten geknackt.

»Knast ist Knast«, sagte Krüger.

»Nein, Oldenburg ist anders. Du wirst dich daran gewöhnen müssen«, sagte Stacho und schaute nachdenklich zu dem fast vier Meter hohen Zaun.

»Nein. Ich nicht. Ich muss hier raus, und ich komme hier raus.«

Krüger hatte bereits einige Jahre in Vechta verbüßt, jetzt saß er in Oldenburg. Mit etwas Glück war er spätestens in vier Jahren wieder ein freier Mann.

Besuch bekam er so gut wie nie. Zweimal im Jahr tauchte sein Anwalt auf. Pflichttermine.

Gewöhnlich interessierte ihn der Besuch des Anwalts nicht. An diesem Tag war alles anders. Krüger nahm an einem grauen Tisch im Besucherraum Platz. Sein Gegenüber schaute etwas verdrießlich.

»Wie geht es Ihnen, Herr Krüger?«, fragte der Anwalt.

»Beschissen. Wann komme ich hier endlich raus?«

Der Mann im dunklen Anzug zog die Schultern hoch.

»Sie werden Ihre Strafe hier absitzen müssen. Bei guter Führung kann ich vielleicht eine frühzeitige Entlassung bewirken. Freigang ist auf jeden Fall möglich. Ich habe bereits einen Antrag gestellt. Es kann dauern. Vielleicht in drei Jahren.«

»Ich habe keine Zeit, das wissen Sie. Tun Sie etwas.«

»Beruhigen Sie sich, Herr Krüger. Wie gesagt, ich habe alles in die Wege geleitet. Hier ist ein Brief von Tommy. Er wurde bereits überprüft. Sie können ihn einstecken. Übrigens, Tommy arbeitet jetzt beim Rettungsdienst. Er lässt Sie schön grüßen.«

Krügers Mimik veränderte sich nicht. Er nahm den Brief, verabschiedete sich von seinem Anwalt und ließ sich zurück in seine Zelle bringen.

In dieser Nacht bekam Horst Krüger kein Auge zu. Immer wieder nahm er den Brief seines Anwaltes in die Hand. Er wusste, was diese eigenwilligen Zeilen zu bedeuten hatten. Seine Flucht stand unmittelbar bevor. Thormann hatte alles geplant und organisiert. Auf ihn war

Verlass. Krüger lag auf seiner Pritsche und konnte nur an eines denken: Flucht.

Kapitel 4

»Ist das wahr!«, schrie Stella und fiel ihrer besten Freundin um den Hals. Zunächst konnte sie es nicht fassen, dass Lea Hannover verlassen wollte, doch dann war die quirlige junge Frau überglücklich, als Lea ihr anbot, die Wohnung zu übernehmen.

Die Altbauwohnung, unweit des Hauptbahnhofes, hatte einmal Leas Patentante gehört. Vor vier Jahren war die alte Dame mit 94 Jahren gestorben und hatte Lea die Wohnung hinterlassen. Ein Verkauf kam für Lea nicht infrage. Zu viele Dinge erinnerten an ihre liebe Tante. Unter der Dusche war ihr dann die Idee gekommen, ihrer Freundin Stella die Wohnung zu überlassen, die sie seit der Schulzeit kannte und nach dem geplatzten Traum von ihrer eigenen Modeboutique derzeit nur in einer WG lebte.

»Ist das wirklich wahr? Ich darf in deine coole Wohnung einziehen? Das ist krass. Cool! Cool! Wahnsinn! Danke, Lea. Du bist ein Schatz! Du bist die Allerbeste.«

Stella war total von den Socken. Dass sie einmal die schöne große Wohnung von Lea übernehmen würde, daran hatte sie nie im Leben gedacht. Dreimal fragte sie nach, ob Lea es wirklich ernst meinte, dann umarmte sie ihre beste Freundin und drückte sie lang und innig. Endlich könne sie, wie sie sagte, ihre kleine Butze verlassen und in eine richtige Behausung ziehen. Außer einem Terrarium mit drei Pfeilgiftfröschen, einen Campingkocher, zwei Luftmatratzen, einem Schlafsack, diverse Klamotten, überwiegend vom Flohmarkt und jede Menge Dosen Ravioli besaß Stella so gut wie nichts. Dennoch schien sie glücklich und zufrieden zu sein. Sie bezeichnete die neue Wohnung als Lottogewinn und bot Lea ewiges Besuchsrecht an.

Lea lehnte dankend ab. Für sie war Hannover jetzt Geschichte. Sie wollte neu durchstarten. Ob Ostfriesland dafür die richtigen Voraussetzungen bot, musste sich zeigen.

Sie übergab Stella die Wohnungsschlüssel.

»Was ist mit Calvin? Hast Du noch Kontakt mit ihm?«, fragte Stella vorsichtig.

»Calvin ist Vergangenheit. Ich möchte ihn nie wieder sehen. Falls er vor der Tür steht, lass ihn nicht herein. Calvin ist nicht nur Künstler, er ist auch ein kleiner Schmarotzer mit einem miesen Charakter.«

»Aber er war doch dein Freund«, erwiderte Stella.

»Die Betonung liegt auf ›war‹. Calvin hat in meinem Leben keinen Platz mehr. Wie gesagt, öffne diesem Spinner nie die Tür«, ermahnte Lea ihre Freundin. Mit fünf Umzugskartons, zwei Reisetaschen und vielen guten Wünschen setzte Lea sich in ihr Auto und fuhr Richtung Ostfriesland.

Kapitel 5

Krüger kannte man auf der Krankenstation. Sein Befinden ließ in den letzten Monaten zu wünschen übrig, dennoch sah man keine Veranlassung, ihn stationär aufzunehmen.

Es war Mitte Januar, an einem gewöhnlichen Wochentag. 18.43 Uhr. Die Insassen der JVA waren nach dem gemeinsamen Abendbrot wieder in ihren Zellen zurückgekehrt. Kurz vor 19 Uhr schaute ein junger Beamter im zweiten Obergeschoss der Justizvollzugsanstalt routinemäßig in die Zelle mit der Nummer 290. Erschrocken verharrte er vor dem kleinen Fenster in der Zellentür. Sekundenlang starrte er in den spärlich beleuchteten schmalen Raum. Der Fernseher lief. Der Gefangene Krüger lag am Boden. Vor ihm eine Blutlache. Sofort informierte er seinen Schichtleiter.

»Was ist los?«, wollte der 53-jährige Bedienstete wissen, als sein junger Kollege ihn kreidebleich auf dem Gang entgegenkam.

»290. Er liegt am Boden. Er … Ich glaube … Blut! Überall Blut. Hoffentlich ist er nicht tot. Wir … wir brauchen einen Arzt«, stotterte der junge Beamte aufgeregt.

Der Ältere griff zum Sprechfunkgerät. Sofort wurde der Anstaltsarzt gerufen, die Gefängnisleitung informiert und zusätzliches Personal angefordert.

Unruhe kam auf, als mehrere Beamte über die langen Gänge hasteten, Türen ins Schloss fielen und eine Trage über den blanken Boden ratterte.

Im Trakt BII der Justizvollzugsanstalt Oldenburg trommelten die Insassen gegen die verschlossenen Türen oder riefen unflätige Worte.

Krüger lag regungslos auf dem Boden, als der Arzt, zusammen mit zwei Justizvollzugsbeamten, die Zelle betrat.

»Er blutet aus dem Mund«, stellte der Arzt lakonisch fest. »Und? Ist er tot?«, wollte einer der Justizvollzugsbeamten wissen.

»Der Kreislauf ist stabil, er atmet etwas unregelmäßig. Die Blutung kann alles Mögliche bedeuten. Aufgrund der Menge sollten wir auf Nummer sicher gehen und ihn sofort in ein Krankenhaus bringen«, sagte der Arzt besorgt.

»Ich informiere den Chef.«

Einer der Beamten verließ eilig die Zelle, in der es unangenehm nach Erbrochenem und Blut roch.

»Er bekommt jetzt eine Infusion, das wird den Kreislauf stabil halten, bis er in der Klinik eintrifft«, sagte der Arzt und holte eine Flasche mit einer durchsichtigen Flüssigkeit aus seinem Koffer.

Die Gefängnis-Leitung entschloss sich auf Anraten des Mediziners, den Gefangenen sofort in eine städtische Klinik zu verlegen. Unter strengsten Sicherheitsmaßnahmen fuhr am Abend des 17. Januar, bei milden neun Grad Außentemperatur, ein Krankentransporter von der

JVA zum Klinikum an der Rahel-Straus-Straße in Oldenburg.

KRÜGER HATTE ES GESCHAFFT. Der Tipp war von Thormann gekommen. Krüger hatte sich eine Verletzung in der Kniekehle zugefügt, hatte das austretende Blut in einem Becher gesammelt, sich durch heftige Bewegungen ins Schwitzen gebracht, sich zwei Finger in den Rachen gesteckt, so dass er einen Würgereiz auslöste. Dann hatte er sich neben dem Erbrochenen auf dem Boden gelegt und gewartet, bis die abendliche Zellenkontrolle kam. Danach war alles sehr schnell gegangen. Kurz bevor die Zelle aufgeschlossen wurde, hatte er seinen Mund mit Blut gefüllt. Kaum, dass der Arzt den Raum betreten hatte, begann Krüger zu röcheln und zu husten, spuckte Blut, während er verkrampft am Boden liegen blieb.

Kapitel 6

»Lea Landgraf. Ein paar Kratzer, sonst aber okay«, sagte Sven.

»Das ist mein Klingelschild. Ich möchte es behalten. Ein Andenken an meine alte Wohnung in Hannover.« Lea nahm Sven das Messingschild aus der Hand.

»Wehmütig?« Sven schaute zu der jungen Frau, die gedankenverloren das Stück Metall betrachtete.

»Etwas. Ein Lebensabschnitt ist vorbei und ein neuer beginnt. Ich musste mich entscheiden.«

»Kann ich verstehen. Gut, dass du dich für Norderney entschieden hast«, sagte Sven.

»Das muss sich noch zeigen, ob es eine kluge Entscheidung war. Norderney stand eigentlich nicht auf meiner Agenda. Mein Ziel war es Karriere zu machen, im Leben voranzukommen und einen Job zu finden, der mich ausfüllt. Inselkommissarin, mit der Lizenz, Touristen zu informieren, war nicht vorgesehen.«

Lea blickte durchs Fenster nach draußen. Die Sonne schien von einem leicht bewölkten Himmel. Was hatte der Wetterbericht am Morgen gesagt: Über dem Nordatlantik braut sich ein kräftiges Sturmtief zusammen, welches sich zu einem Orkantief am Dienstag intensivieren kann. Das Orkantief, das von Schottland weiter nach Norwegen zieht, wird Ostfriesland voraussichtlich am Dienstagabend erreichen. Es besteht die Gefahr von schweren Orkanböen mit bis zu 120 km/h.

Kaum vorstellbar, dachte Lea, dass es morgen regnerisch und stürmisch werden sollte.

Ihre Wohnung auf Norderney hatte sie möbliert übernommen, insofern gab es nicht mehr viel zu tun. Martha Hinrichs verzichtete auf einen Mietvertrag. Formalitäten mochte die alte Dame nicht, dafür schätzte sie eine Mieterin, mit der sie ab und zu einen Tee trinken und ein wenig klönen konnte.

Sven Kreuzer, der als freier Journalist für diverse Zeitungen und Verlage arbeitete, hatte sich einen freien Tag gegönnt, um Lea bei ihrem Umzug zu helfen. Aufgrund seiner journalistischen Tätigkeit kam er Lea öfters in die Quere. Aus anfänglicher Abneigung war mit der Zeit jedoch eine Freundschaft entstanden.

Lea war mit der 16-Uhr-Fähre angekommen. Gut, dass Sven da war. Er schleppte die schweren Kartons vom Auto ins Haus, holte Bohrmaschine, Schrauben und Dübel aus seinem Auto und montierte anschließend das Klingelschild.

Während Lea ihre Kartons auspackte, kaufte Sven in der Stadt Brot, Schinken, Tomaten, Paprika, Salat, Gurken, Parmesan, einen spanischen Rotwein und diverse andere Sachen ein. Danach zog er sich in die Küche zurück und bereitete einen kleinen Snack vor.

Im Radio liefen gerade die Nachrichten, als ein angenehmer Duft durch die Wohnung wehte.

»Hey, hast du gekocht? Es riecht so gut.«

»Nur eine Kleinigkeit. Ich dachte, du hast vielleicht

Hunger«, sagte Sven, der mit Kochschürze in der Küchentür stand.

»Ich habe einen Bärenhunger.«

Lea legte alles beiseite, was sie in den Händen trug, und lief zur Küche.

»Das sieht aber gut aus. Wo hast du das gelernt?«

Überrascht schaute Lea auf den gedeckten Tisch, wo eine Pfanne mit Paprika, Hähnchenbrustfilet und einer lecker duftenden Sauce, ein Korb mit Brot, Schüsseln mit Salat und Gläser mit Wein standen.

»Ich habe hier auf der Insel in diversen Hotels gejobbt. Da lernt man einiges. Kleine Snacks sind meine Spezialität.«

»Toll, Sven. So was kenne ich nur aus meiner Kindheit. Meine Mama bereitete abends auch oft etwas Leckeres zu. Das war immer schön, wenn der Kaffee duftete, alle am Tisch saßen und wir Bratkartoffeln mit Rührei aßen.«

»Möchtest du lieber Kaffee statt Rotwein?«

»Nein. Es ist alles super«, sagte Lea.

»Was ist los? Du scheinst den Augenblick nicht zu genießen. Stimmt etwas nicht?«

»Doch.«

Etwas in sich gekehrt schaute Lea zum Fenster, wo erste Regentropfen die Scheiben herunterrannen.

»Genau so hatte ich mir den Winter auf einer ostfriesischen Insel vorgestellt«, sagte Lea resigniert.

»Das ist Norderney. Manchmal regnet es hier und manchmal fegt auch eine steife Brise über die Insel, damit muss man sich abfinden, wenn man hier lebt. Wir sind an der Nordsee.«

»Das habe ich nicht vergessen. Im Sommer war es hier superschön. Überall gut gelaunte Menschen, man konnte in der Fußgängerzone sitzen und Kaffee trinken, am

Strand spazieren gehen, auf der Promenade sitzen, auf das Meer schauen und überall traf man fröhliche Menschen. Jetzt im Winter ist alles irgendwie anders. Es regnet, die Sonne lässt sich kaum blicken, es ist trüb und grau. Mir fehlt der Trubel und mir fehlen die Möglichkeiten, die eine große Stadt bietet. Ich hoffe, ich bekomme keinen Inselkoller.«

»Nein, ich pass schon auf, dass du vom Inselkoller verschont bleibst. Genieße das Leben hier. Viele Menschen sehnen sich nach so einem Ort. Sie bezahlen sogar Geld dafür, um diese Ruhe genießen zu können.«

»So viel Ruhe hatte ich nicht erwartet. Ich weiß nicht, ob ich mich daran gewöhne.«

»Was hast du erwartet? Hier donnert keine Straßenbahn durch den Ort, eine Demo mit tausend Menschen wird es hier genauso wenig geben wie Stop-and-go zur Rushhour und ewige Sonne gibt es nur auf den Kanaren.« Sven lachte und reichte Lea das Glas Rotwein.

»Auf dein Wohl und auf deine Zukunft hier auf Norderney.«

»Danke, aber ich möchte nicht auf meine Zukunft anstoßen. Das ist für mich alles noch nicht greifbar. Ich glaube, ich bin hier noch nicht ganz angekommen. Lass mir noch ein wenig Zeit.«

Die beiden setzten sich an den Tisch, aßen, plauderten über Schulzeit, Studium und über die Klimaveränderung. Das Thema »Klima und Umwelt« lag Sven sehr am Herzen. Jede freie Minute nutzte er, um Fotos vom Watt, vom Meer und von den Seevögeln zu machen.

Lea hörte gespannt zu, wie Sven von den Vogelschutzgebieten sprach. Mehrmals im Jahr, immer in Begleitung eines Rangers, besuchte er die Brut- und Rastplätze der Wasservögel.

Es war bereits 23 Uhr, als sie den Tisch abräumten und das Licht in der Küche löschten.

»Wie wäre es, wenn ich heute Nacht bei dir bleiben würde?«, fragte Sven.

Überrascht schaute Lea ihn an.

»Wir schauen noch ein wenig Fernsehen, trinken den restlichen Rotwein im Bett aus und …«

»Nein, Sven. Bitte nicht. Der Abend war schön mit dir. Du hast wundervoll für uns gekocht. Ich mag dich, aber das geht mir im Moment alles viel zu schnell. Ich habe gerade eine Beziehung beendet. Ich brauche etwas Abstand. Ich muss mein Leben erst wieder ordnen, da wäre mir ein neuer Partner nur hinderlich. Danke, dass du mir geholfen hast. Lass uns einfach gute Freunde sein, das ist doch auch schön.«

»Okay, ich habe verstanden.«

Sven nahm seine Jacke, die Tasche mit dem Werkzeug und lief zur Tür.

»Ich denke, ich werde hier nicht mehr gebraucht. Mach's gut, Lea«, rief er in Richtung Wohnzimmer.

Die Flurtür knallte zu. Lea blieb verdutzt im Wohnzimmer stehen.

»Sven, so war das nicht gemeint!«, rief sie. »Bleib doch. Wir können morgen zusammen …«

Lea hörte, wie die Außentür ins Schloss fiel, dann war es still. Sehr still. Sie nahm sich ein Papiertaschentuch aus der Schublade, setzte sich auf einen der Umzugskartons und vergrub ihr Gesicht in ihren Händen.

Kapitel 7

Sie kamen aus Krefeld. Über die A31 erreichten sie Ostfriesland an diesem Tag ungewöhnlich zügig. Kurz hinter Leer, in der Gemeinde Moormerland, stockte der Verkehr. Grund war der noch immer währende Ausbau der Autobahnteilstrecke zwischen Neermoor und Emden. Sie stellte die Autofahrer auf eine harte Geduldsprobe. Dreißig Minuten Stop-and-go. Würden sie pünktlich ankommen?

7.36 Uhr, die Verkehrsinfo des NDR meldete freie Fahrt auf allen Autobahnen im Norden. Der junge Mann am Steuer drückte auf das Gaspedal. In weniger als sechzig Minuten legte die Fähre ab. Sie kamen um 8.12 Uhr in Norddeich an.

Der großzügige Parkplatz, den man vor einigen Jahren für die Inselbesucher angelegt hatte, war nur zu einem Bruchteil gefüllt.

Es war 8.20 Uhr, als einer der Jugendlichen aus dem geparkten Auto stieg und zu dem fünfzig Meter entfernten Automaten rannte, zwei Parktickets zog und zurück zu den geparkten Fahrzeugen hastete. Jetzt hieß es Beeilung. Die

Gruppe, mit Rucksäcken und Taschen bepackt, hetzte vom Parkplatz zum Anleger. Noch hatte die *FRISIA III* nicht abgelegt. Sechs Minuten noch. Sie rannten, als ginge es um ihr Leben.

»Können wir noch mitfahren?«, rief der Schnellste der Gruppe, der als Erster die Fähre erreicht hatte.

»Haben Sie Fahrkarten?«, fragte der Mann am Bug.

»Nein.«

»Dann müssen Sie die nächste Fähre nehmen. Sie fährt in einer Stunde. Wir fahren pünktlich los«, schrie der Mann mit dem rostbraunen Bart zurück.

»Wir sind zehn Personen, kommen aus Krefeld und sind seit heute Morgen um sechs Uhr unterwegs. Wir standen im Stau. Können Sie nicht kurz warten?«

Der junge Mann bekam keine Antwort. Der Bärtige lachte, drehte sich um und verschwand hinter den Fahrzeugen auf dem Autodeck. Die Fähre legte pünktlich um 8.40 Uhr in Norddeich-Mole ab. Mit an Bord ein entflohener Häftling aus der JVA Oldenburg und sein hagerer Begleiter.

ZU DIESEM ZEITPUNKT wusste weder die Polizei, die Kripo, noch die Staatsanwaltschaft in Ostfriesland etwas von dem entflohenen Strafgefangenen. Der Grund für dieses Informationsdefizit lag in Oldenburg. Der Rettungswagen, mit dem Schwerkranken aus der JVA, war ohne Zwischenstopp und ohne Probleme beim Klinikum eingetroffen. Niemand hatte bemerkt, wie ein Krankenpfleger im blauen Schlupfkasack, entsprechender blauer Hose, Mundschutz und Handschuhen die Krankentrage in Empfang genommen, zum Fahrstuhl geschoben und hinab in den Keller gefahren hatte.

. . .

ES WAR 20.15 UHR, als Petra Knopp den Anruf entgegennahm. Sie hatte Dienst. Nachtdienst. Sie saß in der Telefonzentrale der Oldenburger Klinik.

»Guten Abend. JVA Oldenburg. Mein Name ist Decker. Bei Ihnen wurde vor etwa einer Stunde ein Häftling eingeliefert. Können Sie mir etwas über seinen Zustand sagen?«

»Moment. Ich verbinde Sie mit der Notaufnahme.«

Jürgen Decker musste einige Minuten warten, bis sich die Notaufnahme meldete.

»Oberschwester Alicia Hübner«, meldete sich eine hörbar gestresste Person.

»Decker, von der JVA Oldenburg. Ich wollte mich nach dem Häftling Krüger erkundigen, der vor etwa einer Stunde bei Ihnen eingeliefert wurde.«

»Krüger? Der Name sagt mir nichts. Können Sie morgen noch einmal anrufen, wir haben hier gerade alle Hände voll zu tun.«

»Er blutete aus dem Mund. Können Sie mir etwas dazu sagen?«, fragte Decker.

»Guter Mann, auf der A28 hat es gekracht. Hier liegen gerade mehrere Verletzte von einem schweren Verkehrsunfall. Seit 18 Uhr haben wir fünf Notfälle zu versorgen. Drei Frauen und zwei Kinder, ein Mann war nicht dabei. Melden Sie sich morgen wieder.«

Verstört legte Decker den Hörer auf. Weshalb wusste die Krankenschwester nichts über Krüger? Nachdenklich griff er erneut zum Telefon und informierte den Staatsanwalt.

»Fahren Sie zur Klinik. Vielleicht ist alles nur ein Missverständnis.«, sagte Breuer und legte auf.

Decker fuhr persönlich zur Klinik. Als er dort ankam, dauerte es fast zwanzig Minuten, bis er mit der Leitung der Klinik sprechen konnte.

»Guten Abend! Mein Name ist Doktor Voorwold. Ich bin Leiter der Klinik. Sie suchen einen Patienten?«

»Ja! Mein Name ist Decker von der JVA Oldenburg. Ein Häftling wurde vor etwa zwei Stunden mit Blutungen hier eingeliefert und jetzt ist er unauffindbar.«

»Das kann nicht sein. Wann, sagten Sie, ist er eingeliefert worden? Bei uns geht kein Patient verloren. Vielleicht liegt eine Namensverwechslung vor. Wie heißt der Mann?«

»Krüger. Er wurde mit einem Rettungswagen von der JVA direkt zur Klinik gefahren. Zwei Polizisten haben den Transport begleitet. Laut deren Aussage wurde der Patient von einem Krankenpfleger in Empfang genommen und in die Notaufnahme gebracht.«

Doktor Voorwold griff zum Handy und telefonierte minutenlang.

»Das kann nicht sein, Herr Decker. Ich habe gerade mit der Notaufnahme gesprochen. In der fraglichen Zeit haben wir keine Einlieferung gehabt. Die Notaufnahme ist rund um die Uhr besetzt. Eine männliche Person wurde zuletzt heute um 14.20 Uhr eingeliefert. Ein 84-Jähriger mit Verdacht auf Herzinfarkt. Sonst wurde keine männliche Person eingeliefert. Ich glaube, da liegt ein Irrtum Ihrerseits vor.«

»Kein Irrtum, Herr Doktor! Der Häftling muss hier sein. Suchen Sie alles ab. Jeden Raum, jedes Zimmer und jeden Keller. Er ist hier. Ich verständige die Polizei. Sie wird das ganze Gelände rund um das Klinikum durchkämmen.«

»Wir sind hier ein Krankenhaus. Sie müssen auf unsere Patienten Rücksicht nehmen.«

»Ja, ja. Wichtig ist, dass wir den Häftling finden. Ihren Patienten wird schon nichts passieren. Informieren Sie Ihr Personal. Alle sollen die Augen offen halten und jede Unregelmäßigkeit melden.«

. . .

EINE FIEBERHAFTE SUCHE BEGANN. Mehrere Stunden durchsuchten Mitarbeiter der Klinik sowie mehrere Streifenwagenbesatzungen das Krankenhaus und das umliegende Gelände. Der vermisste Patient wurde nicht gefunden. Weder im Gebäude noch im Umfeld der Klinik konnte er gesichtet werden.

Vier Stunden waren vergangen, als sich eine Krankenpflegerin in der Notaufnahme der Klinik meldete.

»Vermisst ihr eine Trage? Ich habe eine gefunden. Sie steht im Keller.«

Oberschwester Alicia Hübner leitete den Anruf sofort weiter an die Geschäftsleitung der Klinik, die wiederum die Polizei informierte. Minuten vergingen, bis Decker sowie die Klinikleitung sich neben der leeren Trage im Keller einfanden.

»Wo ist der Patient?«, fragte Decker wütend.

»Das wissen wir nicht. Das Gebäude wurde abgesucht. Niemand hat diesen besagten Patienten gesehen.«

»Das ist doch nicht möglich. Der Mann war schwer krank. Er hat Blut gespuckt. So einer kann doch nicht einfach von der Bildfläche verschwinden«, tobte Decker.

»Was sollen wir jetzt machen? Soll ich die Presse informieren?«, fragte Doktor Voorwold vorwurfsvoll.

»Nein! Nichts wird gemacht. Von diesem Fauxpas darf niemand etwas erfahren. Niemand! Vor allen Dingen nicht die Medien«, sagte Decker mit einem fast drohenden Unterton.

In den folgenden Stunden durchsuchte ein Großaufgebot an Polizei erneut das Gelände rund um das Krankenhaus. Gegen 23 Uhr wurde der Radius auf 5.000 Meter erweitert. Die Verantwortlichen hofften, den Geschwächten noch in der Nacht zu finden.

Um 10 Uhr am folgenden Tag wurde die Suchaktion, an der neben einer Hundestaffel auch ein Polizeihubschrauber mit Wärmebildkamera beteiligt war, abgebrochen. Die Staatsanwaltschaft entschied, den Flüchtigen zur Fahndung auszuschreiben und alle Dienststellen im Nord-Westen zu informieren.

Kapitel 8

Sonja Bohlen kam aus der Mittagspause, als sie das Fax mit dem Hinweis »DRINGLICH« bemerkte. Eilig zog sie ihren Mantel aus, nahm das Schreiben und betrat damit das Büro des Staatsanwaltes. Sie reichte ihrem Chef das Papier.

»Ist soeben gekommen. Vermerk: Dringlich.«

Verwundert schaute Doktor Maibach zu seiner Mitarbeiterin.

»Was ist das? Warum dringlich?«

»Es kommt aus Oldenburg. Es ist eine Information an alle Dienststellen im Nord-Westen.«

Doktor Maibach nahm das Blatt zur Hand und überflog es kurz.

»Verbinden Sie mich sofort mit Jacobs. Ich hoffe, es ist noch nicht zu spät.«

»Darf ich fragen, worum geht es, Herr Staatsanwalt?«

»Krüger ist wieder auf freiem Fuß.«

»Der Krüger, der über vierzig Einbrüche verübt hat? Ich dachte, der verbüßt eine lange Haftstrafe.«

»Ja, Frau Bohlen, das dachte ich auch. Laut dieser Info

ist er gestern geflohen. Näheres ist nicht bekannt. Niemand weiß derzeit, wo er sich aufhält.«

»Glauben Sie, dass er nach Ostfriesland zurückkehrt?«

»Ich gehe davon aus. Was ist mit Jacobs, Frau Bohlen? Beeilung. Es ist dringend.«

»Ja, sofort, Herr Doktor Maibach.«

Die Sekretärin eilte zurück in ihr Büro.

»Moment. Ich verbinde Sie mit Hauptkommissar Jacobs.«

»Moin, Jacobs. Haben Sie die Info aus Oldenburg erhalten?«

»Ja. Krüger ist wieder auf freiem Fuß. Ich habe es gerade gelesen«, sagte Jacobs.

»Er ist geflohen.«

»Wie ist das möglich?«, fragte Jacobs.

»Irgendwie hat er es geschafft, aus der JVA Oldenburg zu entfliehen. Vermutlich hatte er Hilfe. Ich denke, er ist auf dem Weg nach Ostfriesland.«

»Glauben Sie wirklich, dass er dieses Risiko auf sich nimmt?«, fragte Jacobs.

»Ja. Ohne Geld kommt er nicht weit. Er wird kommen, um sich seine Beute zu holen. Es müssen Millionen sein, die er damals versteckt hat. Informieren Sie die Beamten an den Grenzübergängen zu den Niederlanden. Es wäre möglich, dass er sich in den nächsten Tagen ins Ausland absetzen möchte. Ich kümmere mich um die Bahnhöfe in Ostfriesland. Sie müssen, genauso wie die Häfen, rund um die Uhr überwacht werden.«

»Okay. Was können wir machen?«, fragte Jacobs.

»Sie und Ihre Leute sind für Norddeich zuständig«, sagte Doktor Maibach, während er nervös mit einer Büroklammer spielte.

»Sie wissen warum?«

»Ja.«

»Falls er hier auftaucht, darf er uns nicht entwischen.«

»Wenn er nach Ostfriesland kommt, werden wir ihn schnappen. Ich werde den Einsatz in Norddeich persönlich überwachen«, sagte Jacobs.

»Hören Sie, Jacobs! Der Mann darf das Festland nicht verlassen.«

»Keine Sorge, Herr Doktor Maibach. Wenn er mit der Fähre fahren will, werden wir ihn stoppen.«

»Gut. Halten Sie mich auf dem Laufenden.«

»Werde ich machen, Herr Staatsanwalt.«

»Jacobs, seien Sie vorsichtig, der Mann ist unberechenbar.«

Kapitel 9

»Guten Morgen, Sabine.«

»Moin, Lea. Schön, dass du wieder da bist. Wie war dein Urlaub?«

»Urlaub? Ich bin umgezogen. Unter Urlaub stelle ich mir etwas anderes vor. Wenn du mich fragst, ob ich mich erholt habe, muss ich das verneinen. Ein Umzug hat wenig Prickelndes an sich und eignet sich kaum zum Entspannen.«

»Kaffee?«, fragte Sabine.

»Gerne.«

Während Lea den Posteingangskorb durchwühlte, holte Sabine zwei Becher Kaffee.

»Wollen wir uns in die Küche setzen?«, fragte Sabine.

»Nein. Später vielleicht. Ich brauche jetzt meine Ruhe.«

»Ist wohl heute nicht dein Tag?« Sabine schaute mitleidig zu ihrer Vorgesetzten.

»Entschuldigung, Sabine. Ich bin ein wenig neben der Spur. Manchmal greife ich zur Kanonenkugel, statt mit Wattebällchen zu werfen.«

»Hast du jemanden getroffen?«

»Schlimmer. Ich habe ihn nicht nur getroffen, ich habe ihn auch noch rausgeschmissen. Es war gestern Abend, nach zwei Gläsern Wein. Ich habe das Richtige gedacht, es falsch ausgesprochen und dann hirnlos reagiert.«

»Wer war das Opfer?«, fragte Sabine vorsichtig.

»Frag lieber nicht.«

»Sven?«

»Ich werde ihn wohl nicht wiedersehen.«

»Das tut mir leid.«

»Das muss dir nicht leidtun, Sabine. Es war meine Schuld. Ich muss damit leben. Für Privates habe ich in den nächsten Monaten ohnehin keine Zeit, da passt es ganz gut, dass er eine Fliege gemacht hat.«

»Meinst du das ernst, Lea?«

Lea antwortete nicht. Sie nahm die Post, die sich im Eingangskorb auf Sabines Schreibtisch stapelte, und verschwand in ihrem Büro.

Zwanzig Minuten saß sie einfach nur da, starrte aus dem Fenster, während ihre Finger mit einem Brieföffner spielten. Möwen flogen vorbei. Das eintönige Grau an diesem Morgen verstärkte Leas trübe Stimmung.

Erschrocken schaute Lea zur Tür, als diese sich öffnete und Sabine eintrat.

»Entschuldigung, Lea. Ich habe mehrfach geklopft.«

»Ist schon okay. Was gibt es?«

»Flessner ist am Telefon. Bist du schon da?«

»Klar, bin ich da. Stell durch.«

Sabine verschwand wieder und Lea griff kurz darauf zum Telefonhörer.

»Moin, Herr Flessner. Was gibt es so früh am Morgen?«

»Nichts. Übrigens, es ist zehn Uhr. Fast Mittag. Die

FRISIA III ist vor einigen Minuten hier im Hafen eingelaufen. An Bord gab es ein Problem.«

»Randalierende Gäste?«

»Nee! Schlimmer. Man hat einen Toten gefunden«, murmelte Flessner.

»Was ist passiert?«, fragte Lea.

»Das kann keiner so genau sagen, Frau Landgraf. Es sieht, laut dem Kapitän, nach einem Gewaltverbrechen aus. Die Staatsanwaltschaft ist bereits informiert, sobald die Fähre in Norddeich ist, geht die Spurensicherung an Bord.«

»Gab es Zeugen?«, fragte Lea.

»Nein. Die Besatzung hat einen Täter gefasst. Er behauptet, Sie zu kennen, und möchte unbedingt mit Ihnen sprechen.«

Lea schwieg. Ihre Gehirnzellen ratterten wie ein Server im Rechenzentrum des LKA. Sie musste tief Luft holen. Lea spürte, wie sie zu schwitzen begann. Für einen Moment fehlten ihr die Worte.

»Sind Sie noch da, Frau Landgraf?«, fragte Flessner.

»Der Täter kennt mich, sagten Sie. Sind Sie da ganz sicher, Herr Flessner?«

»Jo. Kommen Sie zum Hafen.«

»Ich beeile mich. In zehn Minuten bin ich bei Ihnen.«

Lea eilte in den Toilettenraum, schaute in den Spiegel, klatschte sich kaltes Wasser ins Gesicht, massierte Augenlider und Wangen und hoffte, dass man ihre miese Stimmung nicht sah.

Straftäter versuchen oft Fehler bei ihrem Gegenüber zu finden, um sich im Verhör Vorteile zu verschaffen. Ein Kriminalist, der Schwächen zeigt, hat keine Chance, ein Geständnis zu erwirken. Lea wusste das und versuchte zur alten Form zurückzukehren. Sie nahm ihre Lederjacke, steckte das Smartphone ein und lief zu ihrem Dienstwagen. Der Smart parkte auf dem Hof.

Draußen hatte der Regen nachgelassen. Für einen Moment blinzelte sogar die Sonne durch die dichte Wolkendecke. In der Nacht hatte es heftig geregnet. Überall standen Pfützen, in denen sich die dicken Wolken spiegelten. Im Auto schaltete sie das Radio an. Der Wetterbericht kündigte gerade erneut die Schlechtwetterfront an. In Böen rechneten die Meteorologen jetzt sogar mit Windgeschwindigkeiten bis zu 140 km/h. Für den Abend wurde eine Unwetter- und Sturmflutwarnung für die gesamte Nordseeküste ausgegeben.

Lea schaltete das Radio aus und fuhr zügig los Richtung Hafen. Nur wenige Fahrzeuge und Fahrradfahrer kamen ihr entgegen. Im Gegensatz zu den Sommermonaten befanden sich kaum Touristen auf der Insel. Diejenigen, die in der Nachsaison auf der Insel Erholung suchten, verbrachten den Tag überwiegend in den Ferienwohnungen, im Badehaus am Kurplatz, im Conversationshaus oder in einem der vielen Cafés in der Innenstadt. Jetzt, zwischen Neujahr und Ostern, waren die Norderneyer mehr oder weniger unter sich.

Lea fluchte. Sie ärgerte sich über die Heizung im Wagen. Die Scheiben beschlugen und der Innenraum wollte und wollte sich nicht aufheizen. Demnächst nehme ich eine Wärmflasche mit, dachte sie und bog in die Hafenstraße, die Richtung Reederei-Terminal führte.

Sie parkte den Wagen direkt vor dem Eingang. Im Gebäude war es angenehm warm. Gerne hätte sie einen Moment verweilt, um sich aufzuwärmen, aber draußen ruderte bereits Flessner mit den Armen.

»Hierher, Frau Hauptkommissarin!«

Lea lief nach draußen. Möwengeschrei und eine frische Brise empfingen sie am Wasser.

»Moin. Wo ist der Tatverdächtige?«

»Moin! Meine Jungs haben ihn zum Revier gebracht. Der Typ war kaum zu bändigen. Der muss erst einmal in die Arrestzelle und zur Ruhe kommen. So einen Spinner hatten wir schon lange nicht auf Norderney. Irgendetwas muss der geschluckt haben, vermutlich Drogen. Diese Langhaarigen nehmen doch alles, was sie kriegen können.«

»Gilt das auch für Frauen? Meine Haare sind auch schulterlang.«

»Nee, ich mein ja nur. Persönlich habe ich was gegen Drogen. Sie machen die Leute kaputt. Schlimmes Zeug, wenn Sie mich fragen«, sagte Flessner.

Ein Mann in Uniform trat an die Beamten heran.

»Herr Flessner, wir müssen auslaufen«, sagte der Kapitän der *FRISIA III* und zeigte auf seine Armbanduhr.

»Geht nicht«, sagte Flessner gelassen.

»Aber unser Fahrplan …«

»Interessiert mich nicht. Rufen Sie bei der Reederei an. Melden Sie die Verspätung. Der Tote hat Vorrang vor Ihrem Fahrplan. Erst muss der Tatort von Hauptkommissarin Landgraf in Augenschein genommen werden. Wenn Frau Landgraf sagt, dass Sie fahren können, dann können Sie fahren. Keine Minute früher.«

Verdutzt schaute der Kapitän zu Flessner. »Wie lange wird das dauern?«

»Keine Ahnung.« Flessner war genervt.

Lea folgte dem Kapitän und Flessner über das Autodeck zu einer Treppe, die nach unten zum Restaurantbereich führte.

»Wo wurde der Tote gefunden?«, fragte Lea.

»Auf dem Klo, ich meine auf der Herrentoilette«, sagte Flessner und zeigte mit ausgestrecktem Arm nach rechts.

»Wir müssen durch das Restaurant, dann die Treppe nach unten zum Sanitärbereich«, sagte der Kapitän.

Polizisten hatten den Bereich weiträumig mit rot-weißem Flatterband abgesperrt. Ein Beamter stand vor der Treppe, die vom Restaurant nach unten führte, und hielt Neugierige zurück.

»Wie kam der Mann ums Leben?«

»Er wurde erdrosselt. Diese Information habe ich von Doktor Kaßmann«, sagte Flessner.

»Wo ist Doktor Kaßmann?«, fragte Lea.

»Er ist schon wieder weg. Dringender Fall. Verdacht auf Herzinfarkt«, sagte Flessner, »den Schreibkram schickt er morgen zu meinem Büro.«

Die Tür zu einer der Toiletten stand offen. Eine männliche Person lag auf dem Fußboden. Halb in der Kabine, halb im Vorraum. Er trug eine graue, professionelle Arbeitskleidung, wie sie Handwerker bei der Arbeit trugen. Die Füße steckten in derben Arbeitsschuhen.

»Wurde etwas verändert?«

»Nein, Frau Landgraf«, sagte der Kapitän.

»Kennen Sie die Identität des Mannes, Herr Flessner?«

»Ja. In seiner Brieftasche steckten Ausweis und Führerschein. Der Mann ist Handwerker, kommt von einer Firma aus Norden. Er heißt Frank Janssen, ist vierunddreißig Jahre alt und wohnhaft in Marienhafe. Die Kripo Aurich hat bereits den Firmeninhaber und die Angehörigen des Opfers informiert.«

»Wer hat das Opfer gefunden? Was ist mit dem Tatverdächtigen?«, wollte Lea wissen.

»Er wurde von einem Mitreisenden überrascht, als er sich über die am Boden liegende Person beugte. Zufällig war auch jemand von der Mannschaft zugegen, so dass der Täter überwältigt werden konnte. Laut Aussage der Zeugen hatte der

Täter das Tatwerkzeug, einen schwarzen Ledergürtel, noch in der Hand. Die Situation war eindeutig. Der Täter hatte Blut von seinem Opfer an der Kleidung und dessen Brieftasche lag neben ihm. Die Namen der Zeugen habe ich notiert, sie sind bereits von Bord, kommen aber wegen des Protokolls morgen früh zur Polizeidienststelle«, sagte Flessner.

»Blut? Ich dachte, der Mann ist erdrosselt worden?«

»Ja. Habe ich das nicht erwähnt? Das Opfer blutete am Hinterkopf. Platzwunde. Er wurde niedergeschlagen. Der Täter benutzte eine Glasflasche als Schlaginstrument. Eine Ein-Liter-Pfandflasche. Mit einem Ledergürtel wurde das Opfer anschließend erdrosselt.«

»Fingerabdrücke?«, fragte Lea.

»Ich habe die Flasche, sie ist heil geblieben, sofort eingetütet. Die Kollegen vom Festland kümmern sich um alles Weitere.«

Lea bat alle Personen, den Ort des Geschehens zu verlassen. Fast eine Viertelstunde lang suchte sie nach Spuren, machte Fotos vom Opfer, vom Tatort und den umliegenden Bereichen.

»Wir müssen jetzt ablegen. Fahren Sie mit oder verlassen Sie jetzt bitte das Schiff. Ich bekomme sonst Schwierigkeiten mit der Reederei.«

Der Kapitän schien sichtlich nervös zu sein.

»Frau Landgraf, ich habe die Kollegen in Norden informiert. Sie werden die Leiche übernehmen, sobald die Fähre in Norddeich anlegt«, sagte Flessner.

»Gut. Ich werde mich später mit der Staatsanwaltschaft in Verbindung setzen.«

»War es ein Raubmord?«

»Nein, Herr Flessner. Ich habe sämtliche Taschen durchsucht. In einer Brieftasche trägt er noch neunzig Euro mit sich, außerdem hat er eine Uhr und ein Smartphone. Alles ist noch vorhanden. Ungewöhnlich ist nur, dass Autoschlüssel fehlen.«

»Autoschlüssel?« Fragend schaute Flessner zu Lea.

»Ja. Ich denke, der Täter brauchte ein Fahrzeug. Deshalb hat er diese Person niedergeschlagen. Ob er ihn auch erwürgt hat, kann ich nicht sagen. Näheres wird die Rechtsmedizin feststellen«, sagte Lea.

»Warum ausgerechnet das Auto von einem Handwerker? Hier waren noch diverse andere Fahrzeuge an Bord.« Nachdenklich betrachtete Flessner den Toten am Boden.

»Vermutlich war der Handwerker als Einziger alleine unterwegs. Das sollen aber die Kollegen in Aurich klären. Ich bin neugierig, wer der mutmaßliche Täter ist«, sagte Lea. »Ich möchte mit ihm reden, bevor er zum Festland gebracht wird. Vielleicht wissen wir danach, was sich hier genau abgespielt hat.«

»Das wird auch Zeit. Der Mann macht uns wahnsinnig. Seit wir ihn festgenommen haben, spricht er nur von Ihnen«, sagte Flessner.

»Dann werde ich mir den Typen vorknöpfen.«

Lea verließ mit Flessner die Fähre.

»Wollen Sie mit mir fahren oder bevorzugen Sie Ihr Überraschungsei?« Flessner bedachte Lea mit einem schelmischen Grinsen, während sie schnellen Schrittes Richtung Terminalausgang liefen.

»Ich fahre mit meinem Auto. Es ist klein, die Heizung taugt nichts, aber ich komme von A nach B, und das ist das Entscheidende«, sagte Lea.

»Spüren Sie den Wind. Er nimmt zu. Es gibt Sturm. So ein Smart ist bei Sturm nicht das Richtige, wenn Sie mich fragen.«

»Könnte sein. Die Alternative wäre Fahrrad oder wollen Sie mich chauffieren?«

»Nein. Mein Tipp: Wenn der Wind zunimmt, sollten

Sie den Kleinen besser festbinden. So ein richtiger Nordweststurm pustet Ihren Wagen wie einen Pappkarton von der Straße.«

»So schlimm wird es wohl nicht werden, Herr Flessner. Wir sind nicht in Nordamerika, wo Tornados alles mitreißen, was nicht niet- und nagelfest ist.«

»Unterschätzen Sie die ostfriesischen Stürme nicht, Frau Landgraf. Das kann noch ganz schön ungemütlich werden. Heute Nacht soll es Windstärke 10 bis 11 geben. Besorgen Sie sich einen Südwester und einen Friesennerz, Ihre dünne Jacke ist was für den Sommer und nichts für Sturm und Regen.«

Lea betrachtete nachdenklich ihre Lieblingslederjacke. Es war keine Schlechtwetterjacke, aber sie mochte das verknitterte Ding. Es war bequem, zeitlos und tragbar.

»Das Beste wäre, wenn Sie im Warmen bleiben. Trinken Sie mit Martha Hinrichs einen Tee und gehen Sie heute nicht mehr nach draußen. Es wird ungemütlich«, sagte Flessner, während er mit beiden Händen seine Dienstmütze festhielt.

»Kennen Sie Tante Martha?«

»Ja. Wer kennt sie nicht«, sagte Flessner, stieg in seinen Wagen und fuhr davon.

Lea folgte ihm in ihrem Smart. Fast zeitgleich trafen sie bei der Polizeidienstelle ein.

»JAN, begleiten Sie die Kommissarin zu dem Inhaftierten. Ich muss frühstücken«, sagte Flessner. »Seien Sie vorsichtig, der Typ ist unberechenbar.«

Flessner lief zu seinem Büro und setzte sich an den Schreibtisch.

»Möchten Sie ein Käsebrot, Frau Landgraf?«

»Nein, danke. Später vielleicht.«

Lea folgte Jan Lankow in den hinteren Bereich des Gebäudes, wo sich mehrere Arrestzellen befanden.

Der junge Polizeibeamte schloss die Tür zur Zelle auf, während Lea sich die Jacke auszog und über ihren Arm legte. Mit einem knarrenden Geräusch öffnete sich die Tür zu dem nur wenige Quadratmeter großen Raum.

»Lange nicht benutzt?«, scherzte Lea.

»Im Sommer und zu Silvester haben wir hier regelmäßig Besuch. Es stimmt, wir sollten die Scharniere mal wieder ölen.«

Die Sonne war verschwunden. Nur wenig Licht kam von außen durch das vergitterte Fenster.

»Gehen Sie vor, Frau Landgraf.« Lankow zeigte mit ausgestreckter Hand in die Zelle.

Lea erschrak, als sie den Mann erblickte, der nach vorne gebeugt auf einer Pritsche saß und sie mit glasigen Augen anschaute.

»Kennen Sie ihn, Frau Landgraf?«, fragte Lankow.

»Ja. Aber …«

Lea wollte etwas sagen, doch ihr fehlten die Worte. Sie blieb wie erstarrt stehen, atmete heftig, drehte sich um und verließ hastig die Zelle.

»Möchten Sie nicht mit dem Tatverdächtigen reden?«

»Jetzt nicht.« Leas Stimme drohte zu versagen, als Lankow sie fragend ansah.

Kapitel 10

Kurz vor 12 Uhr erreichte Lea das Büro. Sabine kam gerade aus der Küche, als Lea in den Flur trat. Es roch nach Kaffee und Leberwurstbrot.

»Hallo, Lea. Was war los?«

»Auf der *FRISIA III* wurde eine regungslose Person gefunden. Der Arzt konnte nur noch den Tod feststellen. Alles deutet auf ein Gewaltverbrechen hin.«

»Ein Urlauber?«

»Nein. Ein Handwerker. Flessner hat irrtümlich eine Person, die sich am Tatort befand, festgenommen.«

»Weshalb irrtümlich? Das verstehe ich nicht. Flessner ist doch ein erfahrener Polizist«, erwiderte Sabine.

»Der Typ kann es nicht gewesen sein.«

»Wieso bist du dir da so sicher?«, fragte Sabine, bevor sie herzhaft in ihr Leberwurstbrot biss.

»Weil ich ihn kenne.«

»Okay. Und deshalb glaubst du, dass dieser Tatverdächtige unschuldig ist.«

»Ja, Sabine. Ich kenne meine Pappenheimer. Dieser Typ ist unschuldig wie ein neugeborenes Schaf.«

»Lamm, meinst du? Ein neugeborenes Schaf nennt man Lamm«, verbesserte Sabine mit vollem Mund. »Vielleicht hat dieses Tötungsdelikt etwas mit dem Fax zu tun, das vor einer halben Stunde gekommen ist.«

»Was für ein Fax?«, fragte Lea.

»Eine allgemeine Info an alle Dienststellen.«

Sabine Kirsch reichte Lea ein DIN A4 großes Blatt, das an einer Ecke einen Fettfleck hatte, vermutlich von der Leberwurst, die Sabine gerade von ihrem Daumen leckte.

»Danke, Biene.«

Lea überflog den Text.

»Betrifft das auch uns?«, fragte Sabine.

»Das ist eine allgemeine Info. Jemand ist aus dem Gefängnis geflohen. Es passiert regelmäßig, dass ein Freigänger die Fliege macht. In der Regel wird er nach wenigen Tagen wieder aufgegriffen. Diese Straftäter handeln gewöhnlich spontan. Sie nutzen eine Gelegenheit, die sich ihnen unmittelbar bietet, und fliehen ohne nachzudenken. Ihre Flucht ist weder geplant noch gut vorbereitet. Mit der neu gewonnenen Freiheit beginnen sogleich die Probleme. Kein Geld, keine Unterkunft und kein Ziel. Der Flüchtige weiß nicht, wem er sich anvertrauen kann. Statt unterzutauchen, sucht er frühere Kontakte auf und dort wartet die Polizei.«

»Interessant, aber dieser Flüchtige wird in dem Schreiben als ausgesprochen gefährlich und brutal eingestuft. Man geht davon aus, dass er sich irgendwo im Nord-Westen aufhält«, sagte Sabine.

»Wo soll er sich ohne Geld aufhalten?«

»Vielleicht in Ostfriesland.«

»Kann sein, Biene. Wenn er versucht, auf die Insel zu kommen, wird er mit Sicherheit am Fähranleger aufgehalten.«

»Was ist mit dem Toten von der Fähre?«

»Ich habe mir den Tatort angeschaut, das Tatwerkzeug wurde eingetütet und ich habe diverse Fotos gemacht. Ein Raubmord war es nicht. Geld, Papiere und Handy waren noch vorhanden. Doktor Kaßmann hat den Toten untersucht. Das Opfer wurde mit einer Flasche niedergeschlagen und dann mit einem Ledergürtel stranguliert. Das Opfer heißt Frank Janssen und ist wohnhaft in Marienhafe. Kannst du bitte schauen, ob du noch weitere Infos über diesen Mann findest?«

»Mache ich, Lea. Billy wird mit Sicherheit etwas finden.«

»Wer ist Billy?«

»Mein Computer. Wer sonst?«

Verdutzt schaute Lea zu ihrer Mitarbeiterin. »Dein PC hat einen Namen?«

»Mensch, Lea, ich arbeite den ganzen Tag mit ihm zusammen, da baut man mit der Zeit eine Beziehung auf. Ist doch logisch, oder?«

»Ja, das klingt logisch. Und warum nennst du ihn Billy?«

»Ich habe ihn nach seinem Papa benannt. Bill Gates.«

Sabine musste über ihre eigene Bemerkung lachen. Lea nicht. Ihr war nicht zum Lachen.

»Sobald ich etwas über den Toten in Erfahrung gebracht habe, informiere ich dich«, sagte Sabine.

Lea ging in ihr Büro. Lust hatte sie keine, dennoch musste sie mit Doktor Maibach telefonieren. Immerhin gab es ein Gewaltverbrechen. Sie notierte sich einige Stichpunkte, bevor sie zum Hörer griff und die Kurzwahltaste drückte. Kaum dass sie einige Worte mit der Mitarbeiterin des Staatsanwaltes gewechselt hatte, betrat Sabine den Raum. Lea beendete das Gespräch unvermittelt und legte auf.

»Sabine, nur zur Information: Räume betritt man nach

einer persönlichen Aufforderung. Ich war gerade dabei, mit dem Staatsanwalt zu telefonieren.«

»Soll ich noch einmal wieder kommen und klopfen?«

Lea musste lachen. »Nein. Bleib hier. Was sagt dein Kollege Billy?«

»Frank Janssen ist Gas- und Wasserinstallateur. Er arbeitete für eine Firma Wagner aus Norden.«

»Danke, Sabine.«

»Willst du in dieser Sache ermitteln?«

»Nein. Der Mann starb auf einer Fähre, die von Norddeich gekommen ist. Dieses Tötungsdelikt fällt in die Zuständigkeit der Kripo Aurich. Ich muss trotzdem den Staatsanwalt informieren. Leider ist er nicht zu erreichen. Laut seiner Mitarbeiterin meldet er sich im Laufe des Tages.«

»Was ist mit dem Tatverdächtigen?«

»Ich werde ihn später intensiv verhören. Im Moment fehlt mir dafür die Motivation. Ich denke, es ist gut, wenn ich etwas Abstand bekomme. Flessner hat sich über meine Lederjacke amüsiert. Er meinte, hier auf der Insel brauche ich etwas Wetterfestes.«

»Stimmt. Wusste gar nicht, dass Flessner für so etwas ein Auge hat. Will er dir eine regendichte Dienstjacke spendieren?«

»Nein. Du kennst ja Flessner. Ein netter Kerl, aber er mag auch gerne ein wenig lästern.«

»Ich denke, Flessner lag mit seiner Äußerung richtig. Schau mal nach draußen. Es regnet wie aus Eimern. Geh in die City. In der Fußgängerzone gibt es genügend Läden für Schlechtwetterklamotten. Schau dich doch mal um, das bringt dich auch auf andere Gedanken.«

Kapitel 11

»Maibach«, klang es mürrisch, als Jacobs an die dunkle Eichentür klopfte. Er trat ein.

Staatsanwalt Doktor Maibach schätzte es nicht sonderlich, wenn er während seiner morgendlichen Frühstückspause, die er immer vor dem Gang zum Gericht machte, gestört wurde. Der Gedanke einen Tee zu trinken, der aufgrund eines längeren Telefonats oder eines Besuchers kalt geworden war, ließ ihn innerlich schaudern. Ein richtiger Ostfriesentee musste heiß, mit Kluntje und Sahne getrunken werden, so seine Devise.

Maibach legte das mit einem Norderneyer Räucherschinken belegte Brötchen zurück auf den Teller und widmete sich notgedrungen dem Besucher.

»Ich dachte, Sie sind in Norddeich. Macht Ihnen das Wetter zu schaffen?«

»Es ist nicht das Wetter, das mich zu Ihnen führt, Herr Doktor Maibach. Wie Sie wissen, haben wir einen Toten. Der Mann wurde erdrosselt«, sagte Jacobs.

»Und? Das ist mir bekannt. Glauben Sie …«

Jacobs ließ den Staatsanwalt seinen Gedanken nicht zu Ende formulieren.

»Ja, ich denke, Krüger war an Bord der *FRISIA III*.«

»Wie ist das möglich? Sie waren doch mit Ihren Männern vor Ort.« Die Stimme des Staatsanwaltes wurde lauter.

»Krüger muss sich zwischen den Tagesgästen und Urlaubern aufgehalten haben. Fakt ist, dass der Tote auf der Herrentoilette gefunden wurde. Diese Information habe ich von Polizeihauptmeister Flessner erhalten.«

»Was ist mit dem Tatverdächtigen?«

»Wir konnten ihn noch nicht verhören. Er sitzt in der Arrestzelle auf Norderney. Laut Protokoll der Polizeidienststelle Norderney besteht kein Zweifel, dass dieser Mann das Opfer niedergeschlagen und mit einem Ledergürtel stranguliert hat.«

»In welcher Verbindung steht der Tatverdächtige zu dem flüchtigen Krüger?«, fragte Doktor Maibach, nachdem er kurz an seiner Teetasse genippt hatte.

»Ohne fremde Hilfe hätte Krüger die Flucht nicht gelingen können. Ich gehe davon aus, dass der Tatverdächtige ein Komplize von Krüger ist.«

»Möglich, Herr Jacobs. Wir benötigen schnellstens mehr Informationen über diesen Mann. Schaffen Sie den Tatverdächtigen nach Aurich.«

»Ich werde sofort mit Flessner von der Polizeidienststelle Norderney telefonieren. Ich denke, mit der Mittagsfähre wird der Tatverdächtige in Norddeich-Mole eintreffen.«

»Besser, Sie fahren persönlich nach Norderney. Nehmen Sie Fleischmann mit, er kann Ihnen auf der Insel hilfreich sein.«

Jacobs zögerte, bevor er antwortete.

»Ich dachte, vor Ort wäre eine erfahrene Beamtin vom LKA? Weshalb soll ich Dennis Fleischmann mitnehmen?«

»Herr Jacobs, Sie wissen, was Krüger für eine Vergangenheit hat. Ich denke, dass wir die Beamtin, also Frau Landgraf, in dieser Sache besser nicht involvieren sollten. Frau Landgraf repräsentiert die Kriminalpolizei auf der Insel. Nicht mehr und nicht weniger. Für Straftaten, insbesondere wenn es sich um ein Tötungsdelikt handelt, ist in erster Linie die Kripo Aurich zuständig. Eine einzelne Person wie Frau Landgraf ist da ohne entsprechende Rückendeckung total überfordert. Nichts gegen diese Frau. Ich schätze sie als Mensch sehr und sie macht eine hervorragende Informationsarbeit auf der Insel, aber für solche Sachen brauchen wir Leute mit Erfahrung. Ein Flüchtiger wie Krüger ist für diese Frau eine Nummer zu groß. Lange Rede, kurzer Sinn«, Maibach deutete mit dem Finger auf sein Gegenüber, »schnappen Sie sich Dennis Fleischmann, er kennt sich vor Ort aus, und ab nach Norderney. Holen Sie den Tatverdächtigen und setzen Sie Krüger fest, bevor er auf der Insel Unheil anrichten kann.«

»Gut, Herr Staatsanwalt, wir nehmen die Fähre um 13.30 Uhr, dann treffen wir noch, bevor es dunkel wird, auf Norderney ein.«

»Wie bereits gesagt: Halten Sie mich auf dem Laufenden, Herr Jacobs. Das wird für Sie und Ihren Kollegen kein Spaziergang. Krüger ist gefährlich. Er wird Sie erwarten.«

Kapitel 12

Der Wind aus nordwestlicher Richtung frischte auf. Lea saß bereits im Auto, als ihr Smartphone klingelte. Der Name »Flessner« erschien auf dem Display.

»Hallo, Herr Flessner, ich bin gerade auf dem Weg in die Innenstadt.«

»Verschieben Sie Ihre Shoppingtour. Ich habe soeben die Nachricht erhalten, dass der mutmaßliche Täter am späten Nachmittag abgeholt wird. Kommissar Jacobs kommt mit einem Kollegen. Der Tatverdächtige wird nach Aurich überführt. Morgen soll er dem Haftrichter vorgeführt werden.«

»Das geht nicht. Er ist unschuldig.«

»Nein, Frau Landgraf. Er wurde mit dem Tatwerkzeug in der Hand gefasst. Er wollte sein Opfer ausrauben.«

»Das glaube ich nicht, Herr Flessner. Ich muss mit ihm sprechen.«

»Sie hatten bereits Gelegenheit mit ihm zu reden, haben es aber nicht gemacht. Warum jetzt?«

»Ich war total vor den Kopf gestoßen, als ich ihn in der Zelle sah.«

»Verstehe ich nicht. Sie sind doch Profi.«

»Ich hatte in der Zelle jemand anderes erwartet, nicht meinen ehemaligen Freund. Ich muss mit ihm reden. Es ist wichtig. Ich benötige Informationen, damit ich seine Unschuld beweisen kann.«

»Gut, dann kommen Sie, aber beeilen Sie sich. Die Kollegen aus Aurich werden wohl mit der nächsten Fähre eintrudeln. Viel Zeit bleibt nicht mehr.«

Lea warf das Smartphone auf den Beifahrersitz, wendete den Smart und fuhr Richtung Polizeistation.

Die Scheibenwischer taten ihr Bestes, hatten aber dennoch Mühe für richtigen Durchblick zu sorgen.

FLESSNER BEGLEITETE Lea zu den Arrestzellen. Nachdenklich warf er ihr einen Blick zu, als er den Zellenschlüssel aus der Hosentasche zog.

»Soll ich hierbleiben?«, fragte Flessner, während er die Zellentür aufschloss.

»Nein, Herr Flessner. Ich möchte mich gerne alleine mit dem Tatverdächtigen unterhalten.«

»Seien Sie vorsichtig. Der Typ hat einen Menschen umgebracht.«

»Davon bin ich nicht überzeugt.«

»Rufen Sie mich, wenn er Schwierigkeiten macht. Ich bin ganz in Ihrer Nähe.«

»Danke. Ich komme alleine klar.«

Flessner öffnete die Tür zur Arrestzelle, ging ein paar Schritte zurück und gewährte Lea Einlass.

»Soll ich nicht doch bleiben, Frau Landgraf?«

Lea schüttelte den Kopf.

Flessner lief zurück zu seinem Büro. Kurz darauf drang das Hämmern auf seiner Tastatur bis in die Arrestzelle.

Lea betrat den mit zwei Neonröhren ausgeleuchteten Raum. Sie hatte in ihrer bisherigen Dienstzeit schon zahlreiche Zellen von innen gesehen, diese übertraf in ihrer Schlichtheit alle. Der Raum, etwa vier mal drei Meter, wirkte kalt und wenig einladend. Ein Geruch von Reinigungs- und Desinfektionsmittel stieg ihr in die Nase. Hier wurde wenig gelüftet. Der junge Mann lag auf einer Holzliege, die mit einer dünnen Matratze, einem Kissen und einer graubraunen Decke ausstaffiert waren. Er schien zu schlafen.

»Hallo«, sagte Lea mit belegter Stimme.

Der Mann öffnete die Augen, erhob sich, setzte sich auf die äußerste Kante der Liege, stützte die Arme auf seine Oberschenkel und begann zu weinen.

»Was machst du hier? Was willst du auf Norderney?«, fragte Lea.

»Ich wollte dich besuchen. Ich habe dich vermisst.« Seine Stimme versagte. Laut schluchzend warf er sich zurück auf die Liege.

»Du wolltest Geld. Stimmt's?«

»Nein«, jammerte er, »vielleicht ein bisschen. Hol mich hier raus, Lea. Bitte! Ich will zurück nach Hannover. Ich halte das hier nicht aus.«

»Das wird nicht so einfach sein. Du wurdest neben einer Leiche, mit einem Ledergürtel in der Hand angetroffen. Du hast jemanden umgebracht!«, sagte Lea provozierend.

»Ich … ich …«, stammelte der junge Mann mit dem Pferdeschwanz.

»Es ist offensichtlich, dass du den Mann erschlagen und erdrosselt hast.« Einerseits hatte sie Mitleid mit ihm, andererseits empfand sie Wut.

»Nein! Ich war das nicht.«

»Doch! Du warst, wie immer, in finanziellen Schwierigkeiten, brauchtest dringend Kohle und wolltest den Mann bestehlen.«

»Nein, Lea. Ich wollte dich doch nur besuchen.«

»Ohne Geld?«

»Stimmt. Ich war knapp bei Kasse, aber deshalb …«

»Ich denke, nachdem der Mann den Verlust seiner Brieftasche bemerkt hat, stellte er dich zur Rede. In Panik hast du zugeschlagen und als er benommen am Boden lag, hast du ihn mit seinem eigenen Hosengürtel erwürgt.«

»Nein, nein! So war es nicht«, beteuerte der junge Mann. »Lea, du kennst mich. Ich würde nie jemandem ein Leid zufügen.«

»Jetzt hast du es getan. Irgendwann gibt es immer ein erstes Mal. Ich kann nichts für dich tun.«

»Lea, ich liebe dich doch.«

»Das fällt dir aber reichlich spät ein.«

»Du musst mir helfen, Lea!«

»Ich muss gar nichts. Ruf deine Tussi in Hannover an, sie soll dir juristischen Beistand besorgen.«

»Wie, Lea? Ich habe doch kein Geld!«

»Besorge dir Knete von deinen Weibern. Ich werde dir nicht helfen. Mit einem guten Anwalt und etwas Glück kommst du mit acht bis zehn Jahren davon.«

»Lea, lass mich hier nicht alleine. Ich halte das nicht aus. Ich will nach Hause. Ich habe nichts Böses getan. Ich wollte diesem Mann nur helfen. Das alles ist ein Missverständnis. Ich habe nur versucht, den Gürtel an seinem Hals zu lockern, damit er wieder Luft bekommt. Ich habe ihn doch nicht umgebracht. Lea, glaub mir bitte!«

»Weshalb soll ich dir glauben, nach all dem, was du mir angetan hast? Nein, Calvin. Ich habe dich nicht nach Norderney eingeladen. Wärst du in Hannover geblieben, würdest du hier nicht sitzen. Das hier hast du selber verbockt. Sieh zu, wie du da alleine aus diesem Schlamassel herauskommst. Uns verbindet nichts mehr. Tschüss, Calvin.«

Lea verließ die Zelle, ließ ihren heulenden Exfreund zurück, schloss die Tür und verließ das Gebäude.

Sie wusste nicht, wie lange sie draußen im Auto saß. Erst als Flessner kam und an die Windschutzscheibe klopfte, wischte sie sich hastig Tränen aus den Augen, schnäuzte sich, stieg aus und ging mit ihm zurück zur Polizeidienststelle.

»Sie kennen diesen Mann?«

»Ja! Calvin war mein Freund. Wir haben uns vor Kurzem getrennt.«

»Dann sind Sie befangen, was diesen Fall angeht.«

»Nein. Ich habe keinerlei Beziehungen zu ihm. Er ist für mich Geschichte.«

»Der Junge macht Ihnen dennoch zu schaffen.«

»Ja. Er ist ein Idiot, aber das hier hat er nicht verdient. Er hat den Mann nicht getötet. Schauen Sie sich ihn an. Der ist kaum in der Lage, ohne fremde Hilfe ein gekochtes Ei aufzuschlagen, wie soll so ein Bonsai-Tarzan einen Menschen erwürgen. Der kann gerade so eine Kiste Bier heben und dann soll er diesen kräftigen Mann überwältigt haben? Niemals! Er war im falschen Moment am falschen Ort.«

»Alles spricht für ihn als Täter. Wie wollen Sie das Gegenteil beweisen?«, fragte Flessner betroffen.

»Ich weiß es nicht. Ich glaube nur, dass er unschuldig ist. Das Problem ist, wenn Calvin von der Kripo in die Mangel genommen wird, gesteht er alles. Calvin war schon immer ein Feigling und er wird es bleiben.«

»Sprechen Sie mit dem Staatsanwalt, Frau Landgraf. Erklären Sie ihm die Sachlage«, sagte Flessner.

»Ich werde es versuchen, aber der wird mit Sicherheit

meine Meinung ignorieren. Doktor Maibach lässt sich nur von Fakten überzeugen. Und die habe ich nicht.«

»Versuchen Sie es dennoch. Der Junge ist doch Ihr Freund.«

»Er war mein Freund, Herr Flessner. Wir können nur auf ein Wunder hoffen, sonst verbringt er die nächsten Jahre in einer JVA zwischen Drogendealern und Gewaltverbrechern. Das wird er nicht überstehen«, sagte Lea mit Sorge erfülltem Blick.

»Reden Sie mit dem Staatsanwalt. Erzählen Sie ihm alles. Noch ist nicht aller Tage Abend.«

»Ich muss mich beeilen, so wie es aussieht, wird das Wetter immer mieser. Der Wind nimmt zu und es beginnt wieder zu tröpfeln. Außer der Lederjacke habe ich nichts zum Anziehen. Ich denke, ich fahre direkt in die Stadt und besorge mir eine wetterfeste Jacke, danach spreche ich mit dem Staatsanwalt.«

»Ich habe Ihnen das ja schon einmal gesagt: Auf Norderney brauchen Sie für jedes Wetter die richtige Bekleidung. Sommer wie Winter.« Flessner lachte und lief zurück zu seinem Büro.

»Ich werde es mir merken. Tschüss, Herr Flessner.«

Kapitel 13

Staatsanwalt Maibach legte die Gerichtsakte zur Seite, nahm gewohnheitsgemäß seinen schwarzen Kugelschreiber zur Hand, lehnte sich in seinem Bürosessel zurück und widmete sich ganz dem Telefongespräch.

»Mein lieber Jacobs, was gibt es Neues an der Front?«

»Nichts Gutes, Herr Staatsanwalt. Wir haben ein Problem«, sagte Jacobs etwas kleinlaut.

»Wie? Was ist los, Jacobs? Probleme sind da, um gelöst zu werden. Ich dachte, auf Sie wäre Verlass.«

»Ja. Herr Doktor Maibach, nur die Sache ist so …«

»Was ist da bei Ihnen los, Jacobs?« Staatsanwalt Maibach drücke den Hörer fester ans Ohr. »Ich kann Sie kaum verstehen. Was ist das für ein Lärm im Hintergrund?«

»Wind, Herr Staatsanwalt. Hier heult und klappert es überall.«

»Weshalb kommen Sie nicht zur Insel? Streikt das Personal?«

»In Norddeich sind alle Fährverbindungen nach Juist und Norderney eingestellt worden. Weder fährt ein Schiff, noch gibt es einen Flieger, der heute startet. Der Sturm ist schuld.«

»Diese leichte Brise. Hier in Aurich weht ein zartes Lüftchen.«

»Vermutlich merkt man den Wind in der Stadt nicht. Hier stürmt es bereits heftig und das eigentliche Unwetter kommt noch, Herr Doktor Maibach. Die Mole in Norddeich ist bereits überflutet. Die Reederei teilte mir soeben mit, dass ein Orkantief vom Atlantik Richtung Skandinavien unterwegs ist. Heute, am frühen Abend trifft es auf Ostfriesland. Man rechnet mit dem Schlimmsten. Hochwasser, weit über Normal Null, und Windstärken von zehn bis zwölf Beaufort. Das wird richtig heftig. In Frankreich und Belgien gab es schon mehrere Todesopfer. Hier in Norddeich werden bereits Vorsichtsmaßnahmen getroffen. Der Hafen ist für Fahrzeuge und Personen gesperrt. Touristen müssen auf dem Festland übernachten. Hier herrscht Krisenstimmung.«

»Das klingt ja dramatisch, Jacobs. Glauben Sie, dass es wirklich so schlimm kommt?«

»Ich hoffe nicht, aber bevor es hier richtig losgeht, mache ich mich vom Acker. Ich bin für meine Leute verantwortlich. Wir werden hier die Zelte abbrechen und zurück nach Aurich fahren. Ich möchte, dass alle zuhause sind, bevor der Orkan richtig losgeht.«

»Was ist mit den Ermittlungen auf Norderney? Haben Sie Krüger vergessen?«, fragte Maibach mit energischem Unterton.

»Laut den Meteorologen soll sich der Orkan morgen im Laufe des Tages abschwächen. Noch konnte mir die Reederei keine Abfahrtszeiten nennen, aber ich denke, dass die Fähren ab morgen Mittag wieder planmäßig fahren.«

»Der Sturm gibt dem Flüchtigen mehr als 24 Stunden

Zeit, weiter ungestört Straftaten zu verrichten. Wir müssen Krüger aufhalten, bevor noch Menschen zu Schaden kommen.«

»Machen Sie sich darüber keine Gedanken, Herr Doktor Maibach, laut den Informationen vom Deutschen Wetterdienst wird der Orkan so heftig sein, da geht auch so ein abgebrühter Straftäter wie Krüger nicht nach draußen.«

»Ihr Wort in Gottes Ohr. Mir wäre lieber, wenn die Fahndung auf der Insel sofort fortgesetzt wird, bevor etwas passiert.«

»Bei diesem Wetter wird nichts passieren, außer dass einige Bäume entwurzelt werden, Ziegel von den Dächern fliegen und Strandkörbe umfallen. Ich werde die Polizeidienststelle auf Norderney informieren, dass wir uns, aufgrund der Wetterlage, noch nicht um den Tatverdächtigen kümmern können.«

»Gut, Jacobs. Wir telefonieren morgen miteinander. Melden Sie sich, wenn Sie auf Norderney sind. Kommen Sie gut nach Hause. Tschüss.«

Kapitel 14

Dunkle Schauerwolken zogen über Norderney. Ein kalter Nordwestwind fegte durch die fast menschenleeren Straßen. Lea parkte ihr Auto in der Seilerstraße und ging zu Fuß.

Wo gab es die von Sabine erwähnten Schlechtwetterklamotten? Während sie einen Bogen um die Pfützen machte und sie Ausschau nach einem Laden für Outdoorbekleidung hielt, vibrierte plötzlich ihr Smartphone.

»Hallo Lea, wo steckst du?«

»Ich bin in der Stadt.«

»Wo?«, fragte Sabine.

»Ich stehe in der Nähe eines Denkmals. Moment, da steht etwas: Kaiser Wilhelm. Sagt dir das etwas?«, fragte Lea.

»Klar. Du bist beim Kaiser-Wilhelm-Denkmal. Was machst du bei diesem Wind in der Stadt?«

»Jacke kaufen«, erwiderte Lea.

»Gute Idee, aber beeile dich, das Wetter scheint von Minute zu Minute schlechter zu werden.«

»Du sagtest, es gäbe hier diverse Läden für Outdoorbekleidung. Wo finde ich die?«

»Überall. Lauf einfach weiter, dann kommst du in die Friedrichstraße. Dort müsste ein passendes Geschäft zu finden sein.«

Lea lief weiter, während sie mit Sabine telefonierte.

»Ich sehe gerade einen gelben Ostfriesennerz. Das wäre doch das Richtige bei diesem Wetter.«

»Lea, kauf dir etwas Anständiges. Ein Ostfriesennerz passt nicht zu dir, damit siehst du in deinem Smart aus wie ein Dotter im Ei.«

Lea musste über die Äußerung ihrer Mitarbeiterin schmunzeln. »Gut, ich werde deinen Rat befolgen.«

»Du solltest bei Gelegenheit Flessner anrufen«, sagte Sabine.

»Mach ich. Bis später.«

Lea lief eilig zu dem Laden, vor dem mehrere gelbe Jacken im Wind hin und her schaukelten und an dessen Tür diverse Logos von bekannten Marken klebten. Sie betrat das Geschäft und schaute sich um. Obwohl draußen an der Fassade irgendetwas stand, was auf ein Fachgeschäft für Sportbekleidung hindeutete, mangelte es drinnen nicht an Regen- und Schlechtwetterbekleidung.

»Kann ich Ihnen behilflich sein?«

Eine Frau, Anfang vierzig, mit dunkelbraunen kurzen Haaren und einem freundlichen, unaufdringlichen Lächeln kam aus einem Nebenraum und ging auf Lea zu, die bereits eine Jacke von einem Verkaufsständer genommen hatte.

»Dieses ist reduzierte Ware. Modelle vom Vorjahr. Deshalb auch das Schild ›SALE‹. Die neue Kollektion finden Sie dort drüben.«

Die Verkäuferin zeigte auf mehrere Verkaufsständer,

auf dem die Ware wesentlich großzügiger und nach Marken geordnet präsentiert wurde.

»Laut Wetterbericht soll es Regen und Sturm geben. Haben Sie etwas Passendes für mich?«, fragte Lea.

»An was hatten Sie gedacht?«, erwiderte die Verkäuferin.

»Ich denke, eine einfache Regenjacke dürfte reichen. Wir sind in Ostfriesland und nicht in Nowosibirsk.«

Die Frau lächelte. »Wenn hier der Wind über die Strandpromenade bläst und Regenschauer vor sich hertreibt, dann haben Sie zwei Möglichkeiten: Entweder Sie setzen sich in ein schönes Café, trinken einen heißen Tee oder Sie ziehen sich das Richtige an und genießen die Naturgewalten. Schlechtes Wetter kennen wir auf Norderney nicht, nur falsche Bekleidung.«

»Was ist nach Ihrer Meinung die richtige Bekleidung?«

»Für richtiges Nordseewetter benötigen Sie eine Jacke aus wind- und wasserdichtem Material. Sie tragen bereits lange Stiefel. Wenn Sie mich fragen, brauchen Sie jetzt nur noch eine Jacke, die etwas länger ist, und dann kann Ihnen das Wetter nichts mehr anhaben.«

Die Verkäuferin zeigte auf einen fast vier Meter breiten Verkaufsständer, voll behangen mit Jacken in überwiegend dunkler Farbgebung.

»Probieren Sie einmal diese Jacke an.«

Die Verkäuferin reichte Lea eine schwarze Jacke mit Kapuze und Pelzkragen.

»Es ist ein Funktionsparka. Er ist leicht, wasserabweisend, winddicht, atmungsaktiv und zudem schnelltrocknend. Diese Jacke haben wir erst seit wenigen Tagen in unserem Sortiment. Die perfekte Outdoor-Jacke. Sie verfügt über eine optimale Wärmeisolation, ist langlebig und sehr strapazierfähig.«

»Und darin werde ich nicht nass?«, fragte Lea.

»Nein. Schauen Sie aufs Etikett. Wassersäule: 28.000 mm. Das ist nicht gerade wenig. Die meisten Jacken haben 10.000 mm und weniger. Mit dieser Jacke können Sie durch jeden Wolkenbruch laufen, ohne nass zu werden.«

Lea posierte vor einem mannshohen Spiegel, drehte sich hin und her und zog sich die Kapuze über den Kopf.

»Ich nehme diese Jacke. Schwarz gefällt mir, außerdem verfügt sie über ausreichend Taschen, das ist mir wichtig. Ich nehme ungern eine Handtasche mit, wenn ich im Job unterwegs bin. Große Handtaschen sind zu sperrig und in kleinen Handtaschen ist kaum Platz, um eine Dienstwa…, ich meine, ein Deospray unterzubringen.«

Die Verkäuferin schaute etwas verdutzt. »Ich gehe nie ohne Handtasche aus dem Haus. Ohne Handtasche bin ich nur ein halber Mensch«, sagte sie.

»Ich behalte die Jacke gleich an«, sagte Lea.

»Gut. Vorne ist die Kasse.« Die Verkäuferin zeigte Lea den Weg Richtung Ausgang.

Lea bezahlte mit ihrer Kreditkarte und verließ den Laden.

Draußen begann es zu tröpfeln.

»Moment, Sie haben etwas liegen lassen!«, rief jemand.

Die Verkäuferin eilte, mit einem kleinen Regenschirm in der Hand, hinter Lea her, die sich bereits einige Meter vom Laden entfernt hatte.

»Ihre Lederjacke. Sie haben sie auf dem Verkaufstresen liegen lassen. Ich habe sie eingepackt, damit sie nicht nass wird.«

»Danke. Das ist sehr nett von Ihnen.«

»Darf ich Ihnen noch das Preisschild von der neuen Jacke entfernen?«

»Ja, natürlich.«

Lea musste lachen, als die Verkäuferin mit einer mitgebrachten Schere das fast Postkarten große Etikett mit dem Preisschild von der Kapuze entfernte.

»Sie sind doch von der Polizei?«, fragte die Verkäuferin vorsichtig.

»Wie kommen Sie darauf?«

»Ich habe Ihre Dienstwaffe gesehen, als Sie Ihre Lederjacke auszogen. Im Laden wollte ich Sie nicht ansprechen. Meine Chefin ist immer in der Nähe. Sie macht Ärger, wenn ich private Dinge mit Kunden bespreche«, sagte die Frau.

»Was wollten Sie mit mir besprechen?«

»Es geht nicht um mich, sondern um meine Freundin. Sie rief mich heute Morgen an. Ihre Tochter ist verschwunden. Sie ist gestern nicht von der Schule nach Hause gekommen.«

»Ihre Freundin sollte umgehend zur Polizei gehen und eine Vermisstenmeldung aufgeben.«

»Nein, das ist nicht möglich. In diesem Fall ist alles ganz anders. Ich kann dazu nichts sagen. Bitte sprechen Sie mit der Mutter des Kindes. Sie müssen ihr helfen.« Sie fuhr sich mit der Hand durch die Haare. »Hier ist ihre Adresse.« Die Frau reichte Lea einen kleinen, mit einer krakeligen Schrift versehenen Zettel.

»Sagen Sie ihr, dass Sie mit Jutta gesprochen haben.«

»Wie alt ist das Mädchen?«

»Acht Jahre.«

»Warum geht die Mutter nicht zur Polizei?«

Ohne auf die Frage zu antworten, schaute die Verkäuferin mit einem sonderbaren Blick zu der jungen Kommissarin. »Ich muss zurück.« Sie drehte sich um und eilte zum Laden, wo bereits ihre Chefin in der Tür stand.

Lea steckte den Zettel ein und lief in Richtung ihres Dienstwagens. Fahnen flatterten heftig im Wind. Ein Mann hastete hinter seine Mütze her, die ihm vom Kopf geweht war, als Lea noch kurz einen Bäckerladen betrat. Sie war in Eile, brauchte aber dringend etwas zu essen.

»Das wird heute ungemütlich«, sagte die Verkäuferin hinter dem Tresen. »Ich denke, ich sollte die Werbetafeln reinholen.«

»Glauben Sie, dass der Wind noch heftiger wird?«, fragte Lea.

»Wind? Noch haben wir keinen Wind. Warten Sie's ab, was heute Abend hier los ist. Wenn der Sturm über die Dächer pfeift, freuen Sie sich, ein warmes Bett zu haben«, sagte die Verkäuferin und reichte Lea das Wechselgeld.

Die Regentropfen wurden mehr. Lea beeilte sich, zu ihrem Wagen zu gelangen. Schnell stieg sie ein.

Sie musste an Sabines Worte denken, als sie im Smart saß. Sie, mit einer gelben Jacke in einem kleinen, leicht kugeligem Auto. Das wäre die Attraktion von Norderney gewesen. Lea schmunzelte.

Kapitel 15

Nach der kleinen Shoppingtour fuhr Lea direkt zur Tannenstraße. Sie wollte Flessner vom Büro aus anrufen.

Die Tür zu Sabine Kirschs Büro stand wie immer offen. Lea blieb kurz stehen, als sie daran vorbei lief.

»Hey, Sabine. Ich bin zurück. Was wollte Flessner von mir?«

Sabine schaute von ihrem Schreibtisch auf. »Hallo, Lea. Neue Jacke? Sieht gut aus.«

»Danke, Biene.«

»Keine Ahnung. Du sollst Flessner nur zurückrufen. Übrigens, der Staatsanwalt hat angerufen. Er wird sich gegen 14 Uhr wieder bei dir melden.«

»Dann habe ich ja noch Zeit für einen Tee. Ich habe uns etwas zu futtern aus der Stadt mitgebracht.«

»Hast du auch mit dem Tatverdächtigen gesprochen?«, fragte Sabine.

»Ja. Man hat den Falschen festgenommen.«

»Inwiefern?«, fragte Sabine.

»Es ist Calvin. Mein Exfreund. Der ist körperlich nicht

in der Lage, einen ostfriesischen Handwerker mit einem Lederriemen zu erdrosseln.«

»Das ist kein Argument. In Wut sind manche Menschen zu allem fähig. Ich denke, diesen Fall solltest du anderen überlassen. Du bist befangen. Das ist nicht gut.«

»Ich bin nicht befangen. Calvin war mein Freund. Die Beziehung ist beendet«, sagte Lea gereizt.

»Lea, ich meine es nur gut. Du willst doch deinem Exfreund helfen, dann lass das andere machen. Halte dich aus dieser Sache heraus.«

»Das kann ich nicht, Sabine. Ich muss seine Unschuld beweisen, sonst landet er wegen belastender Indizien im Gefängnis.«

»Vorhin habe ich mit einem früheren Kollegen aus Aurich telefoniert. Während der Zeit bei der Kripo lernte ich dort viele nette Leute kennen. Mit einigen habe ich immer noch Kontakt.«

»Und? Mach es nicht so spannend, Sabine.«

Sabine nahm ihre Notizen und mehre Blätter, die sie ausgedruckt hatte, zur Hand. »Das ist etwas kompliziert.«

»Weil mein Exfreund betroffen ist?«, fragte Lea.

»Nein, dein Ex spielt nur eine untergeordnete Rolle.«

»Wovon sprichst du?«, fragte Lea.

»Wenn du hörst, was der mir alles erzählt hat, legst du die Ohren an.«

»Biene, was hat dieser Kollege ausgeplaudert? Leg endlich los.«

»In Aurich herrscht derzeit Krisenstimmung. Einige Kollegen hat man sogar aus dem Urlaub geholt. Man könnte sagen, dort brennt derzeit die Luft.«

»Weshalb?«

»Diese Info war der Auslöser«, sagte Sabine und nahm ein DIN A4 großes Blatt Papier in die Hand.

»Du meinst dieses Fax wegen dem flüchtigen Straftäter.«

»Genau. Der geflohene Inhaftierte war zuvor kollabiert. Da er gesundheitlich vorgeschädigt war, brachte man den Kranken zur städtischen Klinik. Dort kam er aber nie an. Unser harter Junge hat wohl diese Chance genutzt und ist getürmt.«

»Dass daraufhin in Oldenburg höchste Alarmstufe herrschte, kann ich verstehen, aber weshalb diese Panik in Aurich?«, fragte Lea.

»Die Auricher Kripo geht davon aus, dass der Flüchtige auf dem Weg nach Ostfriesland war. Er hat Verbindungen nach Norderney. Welche, weiß ich nicht. Jedenfalls veranlasst der Staatsanwalt, dass alle Zufahrtsstraßen und Bahnverbindungen Richtung Küste kontrolliert werden. Sämtliche Häfen zwischen Emden und Wilhelmshaven werden rund um die Uhr überwacht. Die Maßnahmen sind noch immer in vollem Gange. Wie man mir sagte, halten sich mittlerweile mehr Polizisten in Norddeich auf als Touristen.«

»Warum dieser Riesenaufwand? Wer ist dieser Flüchtige?«, wollte Lea wissen.

»Er heißt Krüger, ist in Moordorf geboren und hat bis vor neun Jahren diverse Straftaten in Ostfriesland und Umgebung verübt. Vom Autodiebstahl bis zum schweren Raub geht einiges auf sein Konto. Zuletzt hat er mit zwei Kumpels diverse Juweliergeschäfte überfallen und einige Geldautomaten in die Luft gesprengt. In Wittmund starb damals eine 19-jährige Verkäuferin, als sie versuchte, Hilfe zu holen«, erzählte Sabine.

Lea hatte inzwischen vor Sabines Schreibtisch Platz genommen und machte sich Notizen.

»Man schätzt, dass Krüger und seine beiden

Komplizen in zwei Jahren über drei Millionen Euro erbeutet haben.«

»Stolze Summe. Ich nehme an, dass diese Beute nie gefunden wurde.«

»Korrekt, Lea. Alle drei Täter wurden gefasst. Krüger bekam acht Jahre, weil er, neben den Raubzügen, noch die Frau in Wittmund überfahren hat. Die beiden anderen, Brink und Thormann, bekamen jeweils vier Jahre Haft. Die zwei haben ihre Strafe bereits verbüßt. Brink starb kurz nach der Haftentlassung bei einem Badeunfall in Spanien. Costa Brava. Der andere, Thormann, führt jetzt ein freies Leben. Wo? Konnte ich nicht in Erfahrung bringen«, erläuterte Sabine.

»Dennoch frage ich mich: Warum jetzt dieser Riesenwirbel? Es kommt immer wieder vor, dass einem Häftling, insbesondere wenn es sich um einen Freigänger handelt, die Flucht gelingt.«

»Krüger wurde, wie seine Komplizen, am Grenzübergang Bunderneuland gefasst. Die Bande war auf dem Weg nach Amsterdam. Den Einsatz koordinierte damals Staatsanwalt Doktor Maibach. Die Beute blieb bis heute verschwunden. Man spricht mit vorgehaltener Hand davon, dass Doktor Maibach sich maßlos ärgerte, dass er das Geld und den Schmuck aus den Überfällen bis heute nicht sicherstellen konnte«, sagte Sabine.

»Verletzte Eitelkeit. Deshalb der ganze Wirbel. Maibach will den Fall abschließen. Jetzt hofft er, dass dieser Krüger ihn zu dem Raubgut führt. Und was hat das mit Calvin und dem Toten auf der Fähre zu tun?«, grübelte Lea.

»Die Kripo geht davon aus, dass Krüger oder sein Komplize den Mann getötet hat. Der VW-Transporter des Handwerkers ist seit der Ankunft der Fähre im Hafen von Norderney verschwunden.«

»Habe ich das richtig verstanden? Die Kripo hält Calvin für Krügers Komplizen?«, fragte Lea empört.

»Ich denke, ja. Die Kripo hält ihn für Krügers Fluchthelfer.«

»Spinnen die Kollegen in Aurich? Calvin ist ein durchgeknallter Künstler, aber kein Killer.« Entrüstet sprang Lea von ihrem Platz auf. »Vom Alter her kann er schon mal nicht zu der Bande gehört haben. Vor neun Jahren, als Krüger mit seinen Leuten Juweliergeschäfte ausraubte, ging Calvin noch zur Schule.«

»Die Kripo und auch der Staatsanwalt sind anderer Meinung«, fügte Sabine hinzu.

»Und wo ist dieser flüchtige Schwerverbrecher jetzt?«

»Das weiß niemand. Kein Mensch kann mit Sicherheit sagen, ob dieser Krüger wirklich auf der Fähre war. Keiner hat gesehen, wie er in Norddeich an und auf Norderney von Bord ging.«

»Toll! Was machen die Jungs in Aurich den ganzen Tag? Tee trinken?« Lea war sauer.

»Laut meiner Informationsquelle geht die Kripo davon aus, dass Krüger die Kontrollen und Straßensperren überwunden hat und sich derzeit auf Norderney aufhält. Offiziell bestätigt wurde es aber nicht«, sagte Sabine.

»Der Typ ist unbemerkt von dem Großaufgebot an Polizei und Kripo, mir nichts, dir nichts, mit der Fähre nach Norderney geschippert. Wie geht das denn?«

»Das fragen sich auch die Auricher Kollegen. Staatsanwalt Doktor Maibach muss wohl tierisch getobt haben, als er erfuhr, dass Krüger vermutlich entwischt ist.«

»Das kann ich mir vorstellen. Die Tatsache, dass Krüger über alle Berge ist, muss dem Staatsanwalt wohl mächtig stinken.«

»Er hat bereits seine besten Leute nach Norderney beordert.«

»Wie bitte? Ohne mich zu informieren. Spinnt der?«

»Was machen wir jetzt?«, fragte Sabine vorsichtig.

»Jetzt setzen wir uns in die Küche und trinken einen Tee.«

»Tee soll angeblich beruhigen«, sagte Sabine Kirsch und folgte Lea zur Küche.

»Ich will mich nicht beruhigen. Tee hilft mir beim Nachdenken. Wo ist meine Brötchentüte? Ich habe Hunger.«

»Was ist mit Flessner?«, fragte Sabine.

»Erst das Brötchen, dann der Staatsanwalt und dann Flessner«, antwortete Lea bereits mit vollem Mund.

Kapitel 16

»Was willst du mit der Göre?«

»Das verstehst du nicht«, sagte Krüger und schaute missmutig zu dem Mann am Lenkrad.

»Ich habe meinen Teil der Abmachung erfüllt. Jetzt bist du dran.«

»Fahr einfach. Das Versteck ist süd-östlich. Nur wenige Kilometer von hier.«

»Verarsch mich nicht, Krüger. Wenn ich meinen Anteil nicht bekomme, bist du morgen wieder im Knast oder auf dem Friedhof.«

»Ich war seit dem letzten Bruch nicht mehr hier. Es hat sich einiges verändert.«

»Krüger, ich mache dich und die Kleine kalt, wenn ich nicht bald die Kohle habe.«

Der Mann am Lenkrad fuchtelte mit den Händen, als müsste er einen Schwarm Mücken vertreiben. Wenn er wütend war, veränderte sich seine Mimik. Die unwillkürlich einsetzenden Kontraktionen seiner Gesichtsmuskulatur ließen sein blasses Gesicht dämonisch wirken.

Krüger schaute wortlos zur Seite.

»Bist du sicher, dass dort niemand ist?« Der Fahrer des VW-Transporters warf seinem Begleiter einen grimmigen Blick zu.

»Dort ist in den Wintermonaten niemand. Vor allen Dingen nicht bei so einem Sauwetter«, sagte Krüger.

»Gut. Sobald ich das Geld und den Schmuck habe, verschwinde ich auf Nimmerwiedersehen.«

»Wie kommst du zurück?«, fragte Krüger.

»Das muss dich nicht interessieren! Pass lieber auf deine Göre auf. Probleme kann ich jetzt nicht gebrauchen.«

»Wir sind gleich da. Fahr dort auf den Parkplatz. Der Eingang ist rechts.« Krüger zeigte zu einer hellen Seitentür, die sich deutlich von dem dunklen Gebäude abzeichnete. »Stopp das Auto dort. Der Schlüssel für die Tür liegt links unter einem Ziegelstein.«

»Gut. Du wartest hier mit deiner Kröte. Ich peile kurz die Lage, dann kommt ihr nach.«

»Okay.«

Der hagere Typ stoppte den Transporter, stieg aus und lief zu der betreffenden Tür. Er schloss sie auf und ging hinein. Wenige Minuten später stand er plötzlich wieder neben dem Fahrzeug und gab den Insassen das Zeichen zum Aussteigen.

»Alles in Ordnung?«, fragte Krüger.

»Ja.«

»Warum hast du das Rolltor nicht ganz geöffnet? Können wir das Fahrzeug nicht in die Halle fahren?«

»Nein. Kein Platz. Die Halle ist voll. Geht rein. Es fängt an zu regnen. Ich fahr den Transporter dort hinter den Holzverschlag, damit nicht jeder sieht, dass wir hier sind.«

Das Rolltor war nur zu einem Bruchteil geöffnet. Kaum waren die Männer und das kleine Mädchen in dem

Gebäude verschwunden, fuhr das Rolltor mit einem lauten Rattern wieder in seine Ausgangsposition.

Krüger suchte für das Kind einen Platz in der Halle. Er holte Decken, die zu Dutzenden in der Halle lagen, und baute ein warmes Lager.

»Du musst dich ein wenig gedulden. Wir müssen etwas suchen. Sobald wir es gefunden haben, besorgen wir etwas zu essen und zu trinken, dann machen wir es uns gemütlich.«

Das Mädchen nickte.

Krüger strich ihm über den Kopf, lächelte und verschwand. Mit Werkzeug, das er in der Halle fand, klopfte er die Wände ab. Irgendwo in einem Hohlraum musste das Diebesgut versteckt sein. Er klopfte alle Wände systematisch ab. Immer in seiner Nähe war der Mann mit dem blassen Gesicht.

»Wo hat deine Alte das Zeug versteckt?«

»Irgendwo hier, hinter den Holzvertäfelungen«, erwiderte Krüger.

»Wo genau?«

»Ich weiß es nicht. Das liegt neun Jahre zurück. Wir müssen suchen«, sagte Krüger.

Fast eine halbe Stunde verging, bevor sie fündig wurden. »Hier, hier!«, rief Krüger. »Ich habe es gefunden.«

Mit einem Kuhfuß brach er mehrere Bretter aus der Wand. »Wahnsinn! Ich wusste, dass es hier irgendwo sein musste. Wir haben es geschafft. Mein Mädchen hat die Wahrheit gesagt. Jetzt müssen wir nur noch die Ware verstauen und dann ab in die Ferien.«

Krüger war erleichtert. Mit der rechten Hand fasste er in den Hohlraum. Nach und nach holte er mehrere blaue gefüllte Plastiksäcke ans Tageslicht und reichte sie Thormann. Überglücklich, wie ein Kind unter dem

Weihnachtsbaum, öffnete der hagere Mann die Säcke, die zusammen etwa das Gewicht einer vollen Bierkiste hatten.

»Verdammt! Willst du mich auf den Arm nehmen?«, schrie er, während sein Gesicht plötzlich Farbe bekam.

»Was meinst du?«, fragte Krüger überrascht.

»Was soll das? Wo ist die ganze Beute?«

Alles, was sie gefunden hatten, waren fünfzigtausend Euro Bargeld sowie mehrere Pflastersteine.

»Deine Ex hat uns auf's Kreuz gelegt.«

»Nein, sie hat hier alles versteckt. Irgendjemand muss den Schmuck gegen diese Steine ausgetauscht haben«, schnauzte Krüger zurück.

»Da müssten mindestens fünfhunderttausend Flocken drin sein und jede Menge Klunker. Wo ist das alles?«, schrie der hagere Mann.

»Ich weiß es nicht!«

»Ich versuche, dir zu glauben, was mir schwerfällt. Wenn ich merke, dass du mich hintergehst, schneide ich der Kleinen die Kehle durch. Haben wir uns verstanden?«

Krüger machte zwei Schritte zurück. Obwohl der Mann fast einen Kopf kleiner und nicht annähernd so kräftig war wie er, wirkte er mit den nervösen Zuckungen bedrohlich.

»Ich bin selber überrascht. Ich habe keine Ahnung, wo die Beute ist.«

»Da hat sich jemand vor uns bedient.«

»Das sagte ich doch«, entgegnete Krüger.

»Es kommt nur eine infrage und das ist deine Ex. Sie hat auf deine Veranlassung alles versteckt. Nur wo? Sag mir sofort, wo ich die Alte finde, sonst greif ich mir die Kleine. Sie wird mir verraten, wo Mama wohnt.«

»Lass Rieke aus dem Spiel. Sie hat damit nichts zu tun«, brüllte Krüger seinen Partner an.

»Ganz ruhig, Kumpel. Aber wenn ihr mich verscheißert, werde ich sauer.«

»Nimm das Geld und hau ab!«, rief Krüger.

»Ich will den Schmuck. Wo wohnt deine Ex?«, giftete er Krüger an.

»Erst holst du uns etwas zu essen und zu trinken. Die Kleine hat Hunger und ich habe seit gestern auch nichts mehr gehabt. Vorher sage ich gar nichts.«

»Ich will nur wissen, wo deine Ex wohnt.«

»Bleib von Rieke weg! Wenn du auch nur einen Meter in die Nähe der Kleinen kommst, bringe ich dich um. Verstanden?« Krüger richtete seine geballte Faust gegen seinen Komplizen, der sofort zurückwich.

»Alles klar, Krüger. Wir wollen keinen Streit. Ich hole euch etwas vom Supermarkt. Solange ich weg bin, machst du keinen Scheiß, sonst verpfeife ich dich.«

»Beeil dich!«, sagte Krüger wütend.

»Mach ich. Was ist mit dem Wagen da vorne?«

»Welchem Wagen?«

»Hast du die Karre nicht gesehen? Steht vorne in der Halle, direkt vor dem Rolltor. Ein schwarzer Lada Niva. Uralter Geländewagen.«

»Keine Ahnung, wem das Ding gehört. Vermutlich wird es genutzt, um die Bootstrailer zu bewegen.«

»Falls ich die Karre kurzschließen kann, leihe ich mir es für eine Weile aus. Ist besser. Der Transporter ist zu auffällig.«

Während Krüger das Werkzeug zusammenräumte, stieg sein Partner in den Geländewagen.

»Es gibt noch Wunder«, lachte der blasse Typ, »der Schlüssel liegt im Handschuhfach. Manche Leute sind dümmer, als es die Polizei erlaubt.«

»Rede nicht so viel. Fahr endlich los«, schimpfte Krüger.

»Ich bin in einer Stunde wieder da. Mach bis dahin keinen Scheiß.«

Krüger atmete tief durch, als sich das Rolltor öffnete, der Geländewagen aus der Halle fuhr und im Grau des Regens verschwand. Ein heftiger Windstoß, der durch das offene Tor blies, ließ das Dach der Halle ächzen. Schnell ließ Krüger das Rolltor hinunterfahren, atmete tief durch, bevor er zu dem kleinen Mädchen lief, das ihn freundlich und ohne eine Spur von Angst anlächelte.

»Komm, wir suchen uns einen gemütlichen Platz auf einem der Boote.«

»Dürfen wir das?«, fragte Rieke.

»Klar, wir beide dürfen alles.«

Kapitel 17

»Wie spät ist es?«, fragte Lea.

»12 Uhr 40.«

»Ich denke, jetzt kann ich den Staatsanwalt anrufen.«

»Der wollte sich doch bei dir melden«, sagte Sabine.

»So lange kann ich nicht warten.«

Lea ging in ihr Büro, setzte sich an den Schreibtisch und drückte die Kurzwahltaste ihres Telefons.

»Büro des Staatsanwalts«, hörte sie eine piepsige Stimme sagen.

»Hauptkommissarin Lea Landgraf, ich möchte Herrn Doktor Maibach sprechen.«

»Einen Moment. Ich muss kurz schauen, ob Herr Doktor Maibach bereits wieder an seinem Platz ist.«

Es dauerte fast drei Minuten, bis sich die Vorzimmerdame erneut meldete.

»Ich stelle Sie zu Herrn Doktor Maibach durch.«

Eine kurze monotone Pausenmusik, dann hörte sie die Stimme des Staatsanwalts.

»Moin, Frau Landgraf. Wie geht es Ihnen? Wie ist das Wetter bei Ihnen auf Norderney?«

»Herr Doktor Maibach, weshalb habe ich keine Information über den flüchtigen Straftäter erhalten? Ganz Ostfriesland fahndet nach diesem Mann und ich weiß von nichts.«

»Sie haben doch sicherlich die Info aus Oldenburg bekommen. Dort war alles Wichtige vermerkt. Was fehlt Ihnen an Informationen, Frau Landgraf?«

»Natürlich habe ich die Info gelesen. Dort stand aber nicht geschrieben, dass dieser Krüger aus Ostfriesland stammt, hier diverse Straftaten begangen hat und jetzt womöglich auf dem Weg zu seiner Exfrau ist. Weshalb werden mir solche wichtigen Fakten vorenthalten, Herr Doktor Maibach?« Lea ließ ihrem Unmut freien Lauf.

»Keine Aufregung, liebe Frau Landgraf. Dass wir Sie nicht detailliert informiert haben, hat einen ganz einfachen Grund: Dieser Fall fällt nicht in Ihrem Zuständigkeitsbereich. Ich muss es Ihnen ja nicht wiederholt erklären, Sie sind für die Information und Prävention auf Norderney zuständig. Sie sollen informieren, beraten und die Kriminalpolizei Aurich vor Ort repräsentieren. Für die Ermittlungsarbeit sind ganz alleine die Kollegen aus Aurich zuständig.«

»Laut meinen Informationen ist der flüchtige Straftäter auf dem Weg nach Norderney. Mit größter Wahrscheinlichkeit ist er bereits auf der Insel.« Leas Stimme wurde lauter. »Sie sagen, das fällt nicht in meine Zuständigkeit. Ich bin hier vor Ort und nicht die Kollegen aus Aurich.«

»Beruhigen Sie sich, Frau Landgraf«, säuselte Doktor Maibach in den Telefonhörer. »Ich möchte jetzt nicht ins Detail gehen. Ich kann Ihnen aber so viel sagen: Wir sind auf jede Situation vorbereitet. Sobald der Sturm sich gelegt hat und die Fähren wieder planmäßig verkehren, geht alles seinen geregelten Gang. Wie gesagt, Sie haben mit der Angelegenheit nichts zu tun. Die Kollegen aus

Aurich sind morgen Nachmittag auf der Insel und werden sich um den Flüchtigen kümmern, sofern er wirklich auf Norderney ist.«

»Vor einer Stunde habe ich erfahren, dass ein Kind verschwunden ist.«

»Das kommt vor, Frau Landgraf. Auch auf Norderney büxen Kinder aus. Kein Grund zur Besorgnis, auf einer Insel geht selten ein Kind verloren.«

»Das Kind ist erst acht Jahre alt, Herr Doktor Maibach, und seit gestern verschwunden.«

Schweigen. Lea hörte nur das Atmen ihres Gesprächspartners.

»Hallo, Herr Doktor Maibach, ich kann Sie nicht verstehen. Sind Sie noch da?«

»Ja, ja, ich bin noch da. Ich musste kurz nachdenken. Ich werde Kriminalhauptkommissar Jacobs unterrichten. Er wird sich morgen der Sache annehmen, sobald er auf Norderney ist.«

»Sie sagten, dass Herr Jacobs erst morgen Nachmittag kommt. Ist das korrekt?«

»Ja, und?«

»Herr Doktor Maibach, ein Kind ist verschwunden. Es ist erst acht Jahre alt und Sie wollen vor morgen Nachmittag nichts unternehmen?«

»Vermisstenmeldungen sind keine Seltenheit, Frau Landgraf, das wissen Sie. In neunzig Prozent der Fälle taucht der oder die Vermisste noch vor Ablauf der Zeit wieder auf.«

»Sie ist kleines Schulkind«, betonte Lea.

»Das sagten Sie bereits, Frau Landgraf. Der Sturm. Uns sind die Hände gebunden. Wir können zur Zeit nichts machen. Es steht uns weder ein Schiff noch ein Flugzeug zur Verfügung, um nach Norderney zu gelangen.«

»Zusammen mit der Polizei und der Feuerwehr hier vor Ort könnte ich eine Suchaktion starten«, sagte Lea.

»Frau Landgraf, die Entscheidung liegt bei der örtlichen Polizeistation. Ich denke, bei diesem Wetter haben Polizei und Feuerwehr Besseres zu tun, als ein weggelaufenes Kind zu suchen. Warten Sie, bis der Sturm vorbei ist. Wie gesagt, die Kollegen aus Aurich kümmern sich morgen um alle Angelegenheiten. Wenn Sie dennoch aktiv werden möchten, dann könnten Sie mir einen Gefallen erweisen. In der Arrestzelle, bei Ihnen auf der Insel, wird derzeit ein Tatverdächtiger festgehalten. Wie Sie sicherlich wissen, gab es auf der *FRISIA III* einen Vorfall. Zeugen haben den Tatverdächtigen neben der Leiche eines Handwerkers gesehen. Der Tatverdächtige muss noch heute verhört werden. Senden Sie mir bitte umgehend, noch vor Dienstschluss, das Gesprächsprotokoll per E-Mail zu. Polizeihauptmeister Flessner ist bereits informiert«, sagte Doktor Maibach mit einem scharfen Unterton.

»Und was ist mit dem verschwundenen Kind?«, fragte Lea.

»Frau Landgraf hören Sie mir überhaupt zu? Das Verhör hat oberste Priorität. Danach können Sie auf die Suche gehen. Ich sagte Ihnen aber bereits, dass morgen die Kollegen aus Aurich auf die Insel kommen. Sie werden den Tatverdächtigen nach Aurich überführen und sich vor Ort um alles andere kümmern. Mehr kann ich Ihnen dazu nicht sagen. Schönen Tag noch, Frau Landgraf.«

»Tschüss, Herr Doktor Maibach.« In Leas Stimme lag Wut und Enttäuschung über das soeben Gehörte. Dieses Mal war es ein fast zwanzig Zentimeter großer Weihnachtsmann aus Schokolade, der gegen die Wand knallte. Lea hatte ihn von der Kurverwaltung am Nikolaustag geschenkt bekommen. Jetzt lag er in Trümmern und kopflos neben dem Besucherstuhl.

»Was ist los?« Aufgeregt kam Sabine in Leas Büro gestürmt.

»Nichts ist los. Ich habe mit Doktor Maibach gesprochen. Der hält mich für unfähig.«

»Hattest du ernsthaft in Erwägung gezogen, diesen Schwerverbrecher allein ausfindig zu machen?«

»Klar, Sabine. Ich darf mich Kriminalhauptkommissarin nennen, weshalb traut man mir nicht zu, einen Häftling, der aus der JVA abgehauen ist, zu fassen?«

»Vielleicht, weil das nicht zu deinem Aufgabenbereich hier auf Norderney gehört«, sagte Sabine scharfzüngig.

»Ein derartiges irrelevantes Gerede kam auch von Doktor Maibach. Er hat mir sogar untersagt, nach dem vermissten Kind zu suchen.« Lea war wütend.

»Was für ein Kind?«, fragte Sabine überrascht.

»Habe ich dir das noch nicht erzählt?« Lea kramte in ihrer Hosentasche. »Hier, dieser Zettel hat mir die Verkäuferin vom Sportbekleidungsfachgeschäft in die Hand gedrückt. Sie tat sehr geheimnisvoll.

»Was steht auf dem Zettel?«, fragte Sabine.

»Die Adresse der Mutter.«

»Zeig mal«, sagte Sabine und streckte die Hand aus. Lea reichte ihr den Zettel. Sabine las laut vor: »Gartenstraße 209a.«

»Kennst du die Straße?«, fragte Lea.

»Ja. Ich habe den Straßennamen in einem anderen Zusammenhang schon einmal gelesen. Wenn ich nur wüsste wo«, sagte Sabine nachdenklich.

»Vielleicht solltest du Billy fragen.«

»Gute Idee, Lea.« Sabine ging zurück in ihr Büro und gab den Straßennamen in eine Suchmaske ein. »Nichts«, sagte sie enttäuscht.

»Schade. Ich hatte gehofft, dass wir etwas über diese Adresse erfahren.«

»Moment, Lea. Jetzt fällt mir ein, wo ich den Straßennamen gerade gelesen habe.« Sabine wühlte eifrig in einem ihrer Ablagekörbe. »Hier! Wusste ich es doch. Das ist das Fax von meinem ehemaligen Kollegen aus Aurich. Hier taucht der Straßenname auf«, rief sie euphorisch.

»Und? In welchem Zusammenhang?«

»Klingelt es noch nicht bei dir?«

»Nein. Muss es jetzt bei mir klingeln?«

»Der flüchtige Straftäter. Seinetwegen habe ich das Fax mit den Infos erhalten«, erwiderte Sabine.

»Kannst du bitte etwas konkreter werden, Sabine. Wir sind hier nicht in einer Quizshow«, sagte Lea.

»Der flüchtige Straftäter heißt Krüger. Und Krüger hatte, bevor er in Haft kam, eine Freundin. Diese Freundin wohnte auf Norderney. Jetzt rate mal, in welcher Straße.«

»Gartenstraße 209a.«

»Korrekt, Frau Hauptkommissarin.«

»Wohnt diese Freundin noch immer dort?«

»Mein Computer sagt mir, dass in Hausnummer 209a Klaus und Wiebke Tjaden wohnen. Wiebke hieß auch Krügers damalige Freundin«, sagte Sabine.

»Dann hat sie geheiratet und ist wahrscheinlich jetzt Mutter. Die Vermutung liegt nahe, dass Krüger aus Eifersucht oder Rache die Tochter seiner Ex entführt hat.«

»Möglich.«

»Ich denke, ich muss mit der Frau reden. Vielleicht kennt sie den Aufenthaltsort von Krüger. Eventuell ist die Kleine bereits wieder zu Hause«, sagte Lea.

»Das wäre gut. Ich mag nicht, wenn Kinder in solche Sachen hineingezogen werden.«

»Korrekt, Sabine. Erwachsene sollten ihren Zwist nicht auf dem Rücken der Schwächsten austragen. Ich muss der Sache auf den Grund gehen.«

»Kann ich dir irgendwie dabei helfen?«, fragte Sabine.

»Hast du ein Foto von Krüger?«

»Ja. Während du unterwegs warst, habe ich ein wenig recherchiert. Ich war neugierig, wie der Typ aussieht, nachdem die Polizei fahndet.«

Lea stellte sich hinter Sabine und schaute gebannt auf den Monitor.

Sabine rief ein Dokument auf. »Dieses Foto habe ich entdeckt. Es ist das aktuelle Fahndungsfoto.«

Lea überflog die Seite. »Was ist mit den anderen Männern? Krügers Kumpanen?«

»Von denen gibt es leider kein Foto«, sagte Sabine. »So sieht Krüger aus. Das Foto ist in der JVA aufgenommen worden. Könnte vier Jahre alt sein.«

»Und das Diebesgut?«, fragte Lea.

»Darüber habe ich keine neuen Infos. Niemand weiß, was aus der Millionenbeute geworden ist. Weder ist etwas von dem gestohlenen Geld noch von dem Schmuck aufgetaucht.«

»Interessant. Gut recherchiert, Sabine. Was würde ich nur machen, wenn ich dich nicht hätte?«

»Für jeden gibt es Ersatz.«

»Da bin ich mir nicht so sicher. Danke, Biene.«

»Was hast du jetzt vor?«, fragte Sabine.

»Ich werde Wiebke Tjaden aufsuchen und mit ihr sprechen. Ob sie sich an Krüger erinnert?«

»Mit Sicherheit. Immerhin hatten die beiden eine Beziehung. Denkbar wäre, dass Krüger sein Diebesgut bei seiner Freundin deponiert hat.«

»Wäre möglich, Biene. Insofern könnte ich ihn mit etwas Glück dort antreffen. Gut, dass ich jetzt weiß, wie Krüger aussieht.«

»Glaubst du, dass du diesen Mann erkennen würdest? Der Typ sieht bestimmt jetzt ganz anders aus.«

»Den werde ich wiedererkennen. Da bin ich mir ganz sicher.«

»Sei vorsichtig, Lea. Krüger gilt als sehr gewalttätig.«

Lea verließ Sabines Büro und lief zu ihrem Schreibtisch. Sabine folgte ihr.

»Lea, du hast doch vorhin mit dem Staatsanwalt gesprochen. Was hat er gesagt?«, fragte Sabine.

»Ich soll mich aus allem raushalten. Nur Calvin befragen. Wenn der Sturm vorbei ist, kommt ein Hauptkommissar Jacobs aus Aurich mit seinem Gefolge nach Norderney, um nach Krüger zu fahnden und um Calvin abzuholen.«

»Jacobs kenne ich«, sagte Sabine.

»Und? Wer ist dieser Jacobs?«

»Ein guter Kriminalist. An deiner Stelle würde ich nichts unternehmen. Lass Jacobs und seine Leute die Arbeit hier machen. Ich denke, der Staatsanwalt will nur dein Bestes, wenn er sagt, dass du dich aus allem raushalten sollst.«

»Sabine, ich bin doch nicht im Ruhestand. Soll ich hier am Schreibtisch sitzen, Däumchen drehen und warten, bis der Sturm vorbei ist? Wenn ein Kind tatsächlich vermisst wird, dann ist es meine Pflicht, die Eltern bei der Suche zu unterstützen.«

»Das sagst du. Ich denke, Doktor Maibach ist da anderer Meinung.«

»In diesem Fall interessiert mich seine Meinung herzlich wenig.«

»Lea, du darfst die Anweisungen des Staatsanwalts nicht einfach ignorieren. Du solltest dich zunächst um die Befragung des Tatverdächtigen kümmern, sonst bekommen wir noch Ärger mit Doktor Maibach.«

»Nein, dafür fehlt mir die Zeit. Ich fahre jetzt zu den Eltern des vermissten Kindes. Wenn es sich bestätigt, dass das Mädchen wirklich verschwunden ist, dann werde ich es suchen, egal was der Staatsanwalt sagt. Es geht hier um eine Achtjährige, die vermutlich alleine bei diesem Sauwetter da draußen herumirrt.«

Lea schloss verärgert die Schreibtischschublade auf, nahm ihre Dienstwaffe und verließ das Büro.

»Falls der Staatsanwalt anruft, werde ich ihm sagen, dass das Verhör noch nicht abgeschlossen ist. Wann bist du wieder zurück?«

»Ich denke, in zwei Stunden. Ich will mich nur schlaumachen. Ich möchte wissen, ob tatsächlich ein Kind verschwunden ist. Reine Routinebefragung. Danach komme ich zurück ins Büro und schreibe das Protokoll für Doktor Maibach.«

»Ich habe mir vorhin den Wetterbericht angehört, Lea. Für die gesamte Nordseeküste werden eine schwere Sturmflut und ein Orkan mit Windgeschwindigkeiten von bis zu 140 km/h vorausgesagt. Bleib besser hier oder verbringe den Rest des Tages in deiner Wohnung. Es wird sehr ungemütlich werden.«

»Wind ist doch etwas Schönes, Sabine.«

»Wind schon, aber was hier von Nord-Westen in Anmarsch ist, das ist mehr als eine leichte Brise. Am Abend erreicht das Orkantief Norderney, spätestens dann solltest du dich nicht mehr draußen aufhalten«, sagte Sabine mahnend.

»Vergessen? Ich habe eine neue wetterfester Jacke, damit werde ich jedem Sturm trotzen.« Lea lachte, nahm die Jacke vom Garderobenständer, zog sie über, posierte kurz vor dem großen Spiegel im Flur und lief Richtung Ausgang.

»Moment, Lea. Hier!« Sabine holte etwas Schwarzes, Flauschiges aus ihrer Schreibtischschublade und eilte zu

Lea, die schon fast draußen war. »Schenk ich dir, damit du keine kalten Ohren bekommst.«

»Eine Mütze. Sogar mit dem Logo von Norderney.«

»Bio-Baumwolle. Hält warm und weht dir bestimmt nicht vom Kopf.«

»Cool. Danke, Biene. Die kann ich gut gebrauchen. Damit sehe ich schon fast wie eine Insulanerin aus.«

»Stimmt. Wenn du jetzt noch ein paar Brocken Plattdeutsch lernst, wird dich jeder für eine waschechte Norderneyerin halten.«

Kapitel 18

Das Navi lotste Lea in die Gartenstraße. Laub, Papier und leere Plastiktüten flogen über den Bordstein. Das gesuchte Haus befand sich fast am Ende der Straße. Es war ein schmuckes Häuschen, vermutlich in den 60er Jahren gebaut und später saniert. Mit den neuen Dachziegeln, Fenstern und der schönen Eingangstür hob es sich deutlich von den anderen Häusern in der Straße ab. Menschen waren nicht zu sehen. Die Straße war leer und wirkte fast wie ausgestorben. Lea parkte am Straßenrand, lief zum Eingang des Hauses und drückte auf die messingfarbene Klingel links neben der Tür. »Tjaden« stand unterhalb des Klingelknopfs. Kaum dass Lea den Finger vom Klingelknopf genommen hatte, hörte sie Schritte hinter der verschlossenen Tür. Tapsende Schritte. Es dauerte nicht lange und die Tür öffnete sich einen Spalt.

»Hallo! Mama und Papa sind nicht da.«

Doch ein Fehlalarm, dachte Lea, als sie das Mädchen sah. Die Tür wurde von einer Kette gehalten, so dass die Kleine sie nicht vollständig öffnen konnte.

»Moment! Geh von der Tür weg, Merle«, rief eine

dunkle Männerstimme und wenige Sekunden später verschwand das Mädchen in den hinteren Bereich des Korridors, die Kette wurde zurückgezogen und die Tür öffnete sich.

»Moin, mein Name ist Lea Landgraf, eine Freundin Ihrer Frau bat mich, bei Ihnen vorbeizuschauen.«

Ohne ein Wort zu sagen, drückte der Mann die Tür wieder zu. Im gleichen Moment rief er laut durch den Hausflur: »Wiebke, Besuch für dich!«

Es dauert einige Minuten. Nichts geschah. Lea hörte ein Tuscheln hinter der verschlossenen Tür, dann Schritte und nach einer gefühlten Ewigkeit öffnete sich die Tür erneut. Eine blasse Frau, mit rotgeränderten Augen, schaute Lea fragend an. »Was möchten Sie?«

»Mein Name ist Lea Landgraf, ich habe Ihre Adresse von Jutta, aus dem Sportbekleidungsgeschäft in der Friedrichstraße.«

»Sind Sie von der Polizei?«

»Nein«, log Lea, »ich arbeite als Beraterin für die Kurverwaltung hier auf Norderney.«

»Dann können Sie uns nicht helfen.« Die Frau drückte die Tür wieder zu.

»Warten Sie. Kann ich kurz mit Ihnen reden? Nur eine Minute. Drinnen? Hier draußen, bei dem Wind, redet es sich nicht so gut.«

Bevor die Frau die Tür ganz öffnete, drehte sie sich um und schaute ängstlich zu ihrem Mann, der hinten im Korridor neben dem kleinen Mädchen stand.

»Wenn die Frau von der Polizei ist, lass sie nicht herein.«

Der Mann nahm die Hand des Kindes, zog es an sich und verschwand mit ihm in eines der Zimmer.

»Haben Sie einen Dienstausweis?«, fragte die Frau an der Tür.

»Ja. Darf ich reinkommen? Draußen ist es sehr ungemütlich.«

»Ja.«

Lea betrat das Haus, ohne ihren Dienstausweis zu zeigen. Die zierliche Frau mit den verweinten Augen geleitete Lea in die Küche; eine in heller Eiche gefertigte Einbauküche mit Essinsel und einem alufarbenen fast deckenhohem Kühlschrank. In unmittelbarer Nähe zum Fenster, das zur Straße zeigte, stand ein blaues Ostfriesensofa, ein kleiner runder Tisch und zwei ebenfalls blaue Holzstühle mit Armlehnen und Kissen, mit einem blaukarierten Bezug. Die Sitzecke wirkte gemütlich, passte aber nicht so recht zu der modernen Küchenzeile.

»Setzen Sie sich«, sagte Wiebke Tjaden und zeigte zur Sitzgruppe.

Lea setzte sich auf das blaue Sofa, ohne ein Wort zu sagen.

Die Frau strich sich mehrfach über ihr langes, wirres Haar, setzte sich auf einen der Stühle und begann unmittelbar zu weinen.

»Sagen Sie mir bitte, was los ist, Frau Tjaden.«

»Sie ist weg. Sie ist weg.«

»Wer?«, fragte Lea vorsichtig.

»Rieke. Meine Tochter. Sie ist gestern von der Schule nicht nach Hause gekommen. Wir haben alles abgesucht. Wir haben sie nicht gefunden. Nur ihre Schultasche. Sie lag unweit der Schule, am Straßenrand.«

»Ihre Freundin Jutta deutete an, dass etwas nicht in Ordnung sei. Erzählte mir aber nichts Genaueres. Wie alt ist Ihre Tochter? Haben Sie mit der Schule, Mitschülern, Freundinnen oder Nachbarn gesprochen?«, fragte Lea.

»Rieke ist acht Jahre alt. Niemand hat Sie gesehen. Nur ihre Schulfreundin …« Ihre Stimme versagte. Die Frau weinte bitterlich.

»Wer ist diese Schulfreundin?«

»Laura. Laura Schulz. Sie hat gesehen, wie Rieke mit einem Mann sprach. Laura wird täglich von ihrer Mutter abgeholt, weil sie außerhalb des Ortes wohnt. Rieke geht immer zu Fuß. Alleine. Von hier ist es nicht weit bis zur Schule.«

Die Frau nahm ein Papiertaschentuch aus einer offenen Packung, wischte sich Tränen aus dem Gesicht und schnäuzte sich.

»Wissen Sie, wer dieser Mann gewesen sein könnte?«

»Ja, ich meine … Nein.«

»Ihr Nein klingt nicht sonderlich überzeugend. Haben Sie eine Vermutung, wer mit Ihrer Tochter gesprochen hat?«

»Nein. Nein.« Die Frau schüttelte heftig mit dem Kopf. »Gehen Sie bitte«, schrie sie plötzlich.

»Beruhigen Sie sich, Frau Tjaden. Ich kann Ihnen nur helfen, wenn Sie mir alles erzählen, was Sie wissen.«

»Nein, nein. Uns kann niemand helfen!«

»Doch. Ich kann es. Vertrauen Sie mir.«

»Haben Sie nicht gehört, was meine Frau sagte?«

Lea hatte nicht bemerkt, dass der Mann die Küche betreten hatte. Er zeigte mit ausgestreckter Hand zur Tür.

»Gehen Sie! Wir benötigen Ihre Hilfe nicht.«

Lea erhob sich aus dem Sofa, reichte der Frau die Hand und verabschiede sich. Beim Verlassen der Küche fiel ihr Blick auf einige Fotos, die gerahmt neben der Tür an der Wand hingen.

»Ist das Rieke?«

»Ja«, antwortete die Frau, während Tränen über ihre Wangen liefen.

»Kann ich das Foto abfotografieren?«

Die Frau nickte.

Feindselig blickte der Mann Lea an, als sie mit dem

Smartphone ein Foto machte und an ihm vorbei in den Korridor lief.

Es war windig und kühl, als Lea auf die Straße trat.

Sie setzte sich in ihren Kleinwagen und wählte die Nummer vom Büro auf ihrem Handy. Immer wieder wurde das kleine Auto, obwohl es geschützt in einer Wohnstraße stand, vom Wind hin und her geschaukelt.

»Hallo Sabine, ich habe das Haus gefunden. Die Familie mauert. Ich habe nur sehr wenig erfahren. Fakt ist, dass die achtjährige Tochter von der Schule nicht nach Hause gekommen ist. Ich fahre jetzt zu einer Schulfreundin des Mädchens. Such mir bitte die Adresse heraus. Das Kind heißt Laura Schulz.«

»Gut, in zwei Minuten rufe ich dich wieder zurück.«

NACH WENIGER ALS ZWEI Minuten meldete sich Sabine zurück. Laut ihren Infos wohnte Laura Schulz in einem Mehrfamilienhaus an der Rheinstraße. Dank Navi fand Lea Straße und Haus sehr schnell.

Die Familie war zuhause. Laura, ein aufgewecktes, rothaariges Mädchen, mit Stupsnase und lustigen Sommersprossen auf der Nase, konnte den Fremden überraschend gut beschreiben. Lea war beeindruckt von dem fast fotografischen Gedächtnis der Achtjährigen. Mehr als eine halbe Stunde verbrachte Lea bei der Familie Schulz, trank Tee und bekam einiges zu Ohren über Rieke und ihre Familie.

Kapitel 19

Was Lea erfahren hatte, machte sie nachdenklich. Sie stieg in ihren Wagen und fuhr Richtung Emsstraße. Sie brauchte ein wenig Zeit zum Nachdenken und sie wollte Wellen sehen. Große Wellen.

Sie fuhr von der Rheinstraße auf die Emsstraße und hielt nach wenigen hundert Metern in einer freien Parkbucht. Von da waren es nur wenige Schritte bis zu einem gepflasterten Weg, der zwischen den Dünen entlang, vorbei an einem verwaisten gastronomischen Betrieb, zum Nordbad führte.

Lea zog sich die Kapuze fest über den Kopf und schritt Richtung Strand. Der heftige Wind strich über die Dünen, kämmte den Strandhafer und drückte ihn flach zu Boden. Möwen schossen über die Dünen.

Es war nicht einfach, den Weg zu laufen, der heftige Wind bremste jeden ihrer Schritte. Das Atmen war schwieriger als sonst. Nach etwa vierzig Metern hatte sie den höchsten Punkt erreicht. Hier bot sich ihr ein imposantes Bild. Vor ihr lag der Strand, nahezu menschenleer, dahinter tobten die Wellen. Schaumfetzen flogen über das flache Wasser und dort, wo sonst Kinder Burgen bauten und Erholungssuchende auf ihrer Luftmatratze ruhten, fegte feiner Sand in Wolken über den Strand. Noch nie hatte sie die Insel so erlebt. Über dem Meer lag eine dunkle, fast schwarze Wolkendecke. Lea verharrte kurz auf der Stelle, stemmt sich immer wieder gegen die Böen und schaute auf das unruhige Meer. Ihre Augen tränten.

Lea verließ den befestigten Weg und betrat den Sandstrand. Der Sturm riss sie fast von den Beinen. Sandkörner, die ihr Gesicht trafen, fühlten sich wie feine Nadelstiche an. Nur wenige Menschen, dick eingepackt mit Schal und Mütze, versuchten, entlang der schäumenden Wellen spazieren zu gehen. Ein kräftezehrendes Unterfangen, wie auch Lea feststellen musste. Sie konnten sich kaum auf den Beinen halten. Immer wieder brachten sie heftige Böen ins Straucheln.

Es war beeindruckend, wie die Wellen mit weißen Schaumkronen auf den Strand zurollten, an Buhnen hochspritzten und auf dem flachen Strand ausrollten. Möwen kämpften mit akrobatischen Flugkünsten gegen den Sturm. Noch hatte das Wasser seinen Höchststand nicht erreicht, dennoch wirkte das tosende Meer bedrohlich, aber auch faszinierend. In wenigen Stunden, so dachte Lea, wird das Wasser wohl den Strand komplett überflutet haben.

Gerne hätte Lea Fotos gemacht, aber wie häufig lag ihr Smartphone auf dem Beifahrersitz vom Auto. Sie schaute noch einmal auf das Meer hinaus, zog ihre Kapuze noch fester über den Kopf und kämpfte sich gegen das widrige Wetter zurück zu ihrem Smart. Der Wind, der immer heftiger wurde, drückte sie gegen das kleine Auto. Nur mit Mühe konnte sie die Fahrertür öffnen und einsteigen.

Sofort nahm sie das Handy, wählte Sabines Nummer in

der Telefonliste aus, drückte und hörte nach wenigen Sekunden die vertraute Stimme.

»Hallo Biene, ich war am Nordbad. Cool. Das musst du dir anschauen. Ein wahnsinniges Naturschauspiel. So etwas sieht man nicht alle Tage.«

»Lea, ich bin hier geboren. Stürme sind für mich nichts Neues. Wenn die Dünung auch beeindruckend ist, so würde ich niemandem raten, bei solch einem Wetter an den Strand zu gehen. Bei diesen Windstärken kann es dort richtig gefährlich werden.«

»Trotzdem, so etwas muss man gesehen haben.«

»Was ist jetzt mit dem verschwundenen Mädchen? Hast du etwas Neues erfahren?«, wollte Sabine wissen.

»Wie gesagt, von den Eltern habe ich kaum Informationen bekommen. Sie verhielten sich sehr seltsam. Die Mutter hatte Angst. Sehr viel Angst, das sah man ihr an.«

»Angst um ihre Tochter?«

»Das auch, aber ich habe bei ihr noch eine andere Angst verspürt.«

»Was ist mit der Mitschülerin? Hast du sie angetroffen?«

»Ja. Das Mädchen sah, wie Rieke mit einem Mann sprach. Sie hat den Mann sehr ausführlich beschrieben. Diese Beschreibung passt exakt auf Krüger.«

»Krüger, der flüchtige Straftäter ist hier?«

»Und sein ehemaliger Komplize ist auch auf Norderney«, sagte Lea.

»Woher weiß du das?«

»Das Mädchen hat zwei Personen gesehen. Sie kamen mit einem VW-Transporter.«

»Zwei Personen, das muss nichts heißen.«

»Sie haben Rieke Tjaden mitgenommen. Kannst du Flessner informieren? Wir müssen eine großangelegte Suchaktion durchführen.«

»Vergiss es, Lea. Ich habe mit Flessner telefoniert. Er wollte dir vorhin bereits mitteilen, dass er in den nächsten 24 Stunden mit seinen Leuten im Dauereinsatz ist. Flessner kannst du bei deinen Planungen ausschließen.«

»Weshalb?«

»Der Sturm, Lea. Es wird immer heftiger. Komm zurück zum Büro. Du musst die Suche auf morgen verschieben.«

»Gut, ich komme. Ich muss ohnehin mit dem Staatsanwalt telefonieren, das kann ich nicht vom Auto aus. Ich bin in zehn Minuten da.«

Kapitel 20

Die Fahrt zurück verlief ohne Probleme. Nur wenige Fahrzeuge kamen ihr entgegen. Fußgänger waren nicht zu sehen. Urlauber und Norderneyer hatten sich augenscheinlich in die Häuser zurückgezogen.

Kaum war Lea wieder im Büro, entledigte sie sich der nassen Jacke und setzte sich an ihren Schreibtisch. Sie drückte die Kurzwahl des Staatsanwaltes. Es meldete sich die piepsige Stimme der Mitarbeiterin.

»Guten Tag, Frau Hauptkommissarin. Der Herr Staatsanwalt ist nicht zu sprechen. Meeting. Ich werde ihm ausrichten, dass Sie angerufen haben.«

»Okay. Richten Sie bitte Doktor Maibach aus, dass ich ihn dringend sprechen möchte.«

In zwanzig Minuten wollte sie einen neuen Versuch starten, um mit Doktor Maibach zu sprechen. Lea lief in das große Zimmer, wo die übergroße Inselkarte an der Wand hing. Kaum, dass sie sich vor der Karte positioniert hatte, klingelte nebenan ihr Telefon. Unerwartet rief Doktor Maibach zeitnah zurück.

»Was gibt es Neues auf Norderney? Wie entwickelt

sich das Wetter auf der Insel? In Aurich weht bereits ein kräftiger Wind. Ich denke, ich mache heute früher Feierabend und sichere mein Eigentum, bevor der Sturm alles kaputtmacht. Die Versicherungen sind bei Sturmschäden auch nicht mehr so kulant wie früher.«

»Krüger ist auf Norderney«, sagte Lea in einem unmissverständlichen sachlichen Ton.

»Wie kommen Sie zu dieser These? Haben Sie ihn gesehen?«

»Nein. Eine Zeugin konnte ihn sehr genau beschreiben.«

»Was für eine Zeugin?«

»Eine Schülerin. Sie ist acht Jahre alt und sie hat Krüger vor der Grundschule gesehen. Krüger war nicht alleine. Er sprach mit einem Kind, während der andere Mann im Auto sitzen blieb.«

Maibach lachte laut. So laut, dass Lea den Hörer vom Ohr nehmen musste.

»Frau Landgraf, was ist das für ein Scherz? Ich wusste gar nicht, dass Sie so humorvoll sein können. Ein achtjähriges Kind identifiziert einen gesuchten Schwerverbrecher. Hat sie auch Al Capone gesehen?«, amüsierte sich Maibach.

»Krüger ist hier. Ich weiß das. Er bedroht seine ehemalige Lebensgefährtin. Ich habe mit Wiebke Tjaden gesprochen. Sie hat Angst.«

»Wiebke Tjaden? Woher kennen Sie Wiebke Tjaden?«

»Sie kennen sie und Sie wissen, dass sie hier auf Norderney lebt? Weshalb haben Sie mir davon nichts erzählt? Sie ist Krügers ehemalige Freundin. Es liegt doch auf der Hand, dass er sie aufsuchen wird«, äußerte Lea sich entrüstet.

»Frau Landgraf, was meinen Sie, warum wir alle Zufahrtsstraßen zur Küste überwachen? Rund um die Uhr ist ein Großaufgebot an Polizei und Kripobeamten im Einsatz. Unsere besten Leute stehen im Hafen von Norddeich. Wir wissen, was Krüger vorhat. Er will seine Beute holen, die seine Exfreundin für ihn versteckt hat. Wir kennen jeden Schritt, den Krüger macht. Laut unseren Informationen ist er in Emden untergetaucht. Gestern Abend wurde er dort von einem Zeugen in einem Bordell gesehen. Leider kamen unsere Leute zu spät. Er war schon über alle Berge. Vermutlich wartet er in Emden, bis der Sturm sich gelegt hat und er eine Möglichkeit findet, ungesehen nach Norderney zu kommen.«

»Er ist hier. Fragen Sie Wiebke Tjaden.«

Schweigen. Lea hörte nur ein tiefes Ein- und Ausatmen.

»Frau Landgraf, sollten Sie wider Erwarten mit Ihrer Vermutung richtig liegen, dann unternehmen Sie nichts. Was ich schon in unserem letzten Telefonat sagte: Krüger ist eine Nummer zu groß für Sie. Morgen, wenn der Sturm vorbei ist, kommen die Kollegen aus Aurich nach Norderney. Jacobs und seine Leute werden Krüger aufscheuchen und festnehmen, sofern er wirklich auf der Insel ist. Es ist nur eine Frage der Zeit, bis wir ihn fassen. Ich gehe davon aus, dass Krüger übermorgen wieder in seiner Zelle sitzt.«

»Wollen Sie nichts unternehmen? Wiebke Tjaden und ihre Familie sind in Gefahr.«

»Frau Landgraf, was zu tun ist und was noch Zeit hat, bestimme ausschließlich ich. Derzeit können wir nichts, rein gar nichts unternehmen. Wir haben Orkanwarnung. Nur aufgrund Ihrer Vermutungen möchte ich derzeit keinen Beamten unnötig in Gefahr bringen«, sagte Maiwald scharf.

»Und wenn …«

»Hören Sie mir bitte zu, Frau Landgraf. Ich weiß nicht, ob Sie den Wetterbericht verfolgt haben, aber der deutschen Nordseeküste und den Ostfriesischen Inseln droht ein heftiges Unwetter. Solange dieses Unwetter nicht vorüber ist, können und werden wir nichts machen. Ziehen Sie sich in Ihre Wohnung zurück und unternehmen Sie nichts. Gar nichts! Sobald der Orkan vorbei ist, werde ich alle Hebel in Gang setzen, damit Krüger wieder in die JVA kommt.«

»Ein Mädchen wurde …«

»Hören Sie auf mit Ihren Geschichten, Frau Landgraf! Ich weiß, dass Sie eine kompetente Kriminalkommissarin sind, sonst hätten wir Ihnen ganz bestimmt nicht diesen Job angeboten. Aber einen Schwerverbrecher wieder hinter Gittern zu bringen, verlangt viel Erfahrung und Manpower. Insofern halten Sie sich aus der Sache raus. Ich wünsche Ihnen einen schönen Tag, Frau Landgraf.«

Das Telefonat war beendet. Lea knallte den Hörer auf das Telefon, doch das reichte ihr nicht aus, um sich abzureagieren.

Nach einer Weile flog die Tür auf. Lea schaute in das Gesicht ihrer Mitarbeiterin, die sie vorwurfsvoll anstarrte.

»Musste das sein?«, fragte Sabine.

»Ja, es musste sein«, erwiderte Lea.

»Zum Glück ist es nur die Tastatur. Dem Lärm zufolge dachte ich, du würdest das ganze Büro zertrümmern. In Zukunft solltest du nicht so oft mit dem Staatsanwalt telefonieren, das könnte auf Dauer teuer werden.«

»Er ist ein Idiot, Sabine.«

»Das ist mir bekannt, deshalb musst du aber doch nicht immer irgendwelche Gegenstände oder Teile vom Inventar zerdeppern.«

»Doch, das muss ich. Irgendwie muss ich meinen Frust loswerden.«

»Was hat er gesagt?«

»Ich soll die Hände in den Schoß legen und nichts tun.

Morgen, wenn der Orkan vorbeigezogen ist, kommen die Kollegen vom Festland und regeln hier alles. Als wenn ich das als Frau nicht auch könnte.« Lea tobte vor Wut.

Sabine nahm vorsorglich einige Utensilien von Leas Schreibtisch. »Machst du jetzt Feierabend?«

»Ich denk nicht dran. Ich muss dieses Kind suchen. Es ist acht Jahre alt und es zieht ein Orkan auf, da kann ich doch nicht nach Hause gehen und die Füße hochlegen.«

»Du hast recht, aber zunächst musst du dich beruhigen und dann gehen wir systematisch vor. Darin bist du doch Expertin.«

»Ja, Sabine, lass uns nach nebenan gehen und alle Fakten zusammentragen und dann entscheide ich, wie wir weiter vorgehen.«

Wenig später hing das Foto des Straftäters, mehrere Fotos vom Tatort und diverse Zettel an der Pinnwand. Darüber das Foto des vermissten Mädchens und die Namen der Zeugen. Ganz links prangte das Bild eines grinsenden, unrasierten jungen Mannes mit einem verschlafenen Gesichtsausdruck. Calvin. Er saß noch immer als Tatverdächtiger in der Arrestzelle. Rechts hingen die Daten des Opfers, ein Foto des Fahrzeugtyps, welches das Opfer gefahren hatte, und ein Bild der *FRISIA III*.

Lea stand stumm vor der Pinnwand und betrachtete die Bilder und Notizen.

»Calvin kann unmöglich den Handwerker umgebracht haben. Calvin ist Künstler. Er kann einen Pinsel festhalten, strohdoofe Weiber flachlegen, aber keinen Menschen umbringen, dafür hat er nicht das Format. Calvin scheidet definitiv aus.«

»Bist du dir da sicher?«, fragte Sabine zweifelnd.

»Absolut sicher. Mir fehlen nur die Beweise.«

»Kann Flessner ihn nicht einfach frei lassen? Ich

meine, so lange, bis die Kollegen vom Festland ihn abholen.«

»Besser nicht. In der Zelle ist er gut aufgehoben. Dort kann er keinen Blödsinn machen. So einen darf man hier auf Norderney nicht frei herumlaufen lassen. Hier gibt es für ihn zu viele Versuchungen.«

»Was für Versuchungen?«, fragte Sabine.

»Frauen.«

»Ich dachte, du und er, ihr seid …«

»Richtig, wir sind nicht mehr zusammen. Null Beziehung. Hier auf Norderney habe ich aber das Sagen und ich möchte, dass er hier sobald wie möglich verschwindet und sich nicht an einer x-beliebigen Tussi festklammert.«

»Verstanden. Wie geht es jetzt weiter?«

»Krüger war nicht alleine unterwegs war. Er hatte Hilfe. Einen Helfer oder Komplizen. Zusammen suchen sie nach dem versteckten Diebesgut. Ich denke, nur Krüger und Wiebke Tjaden wissen, wo sich die Millionenbeute befindet«, sagte Lea ruhig.

»Deshalb haben sie das Kind gekidnappt?«, fragte Sabine.

»Krüger und die zweite Person sind mit der Fähre gekommen. Sie haben den Handwerker an Bord der *FRISIA III* überwältigt, getötet und in der Herrentoilette liegen gelassen. Mit dessen Fahrzeug sind die beiden unbemerkt von der Fähre gefahren und jetzt auf der Insel unterwegs. Finden wir das Auto, finden wir Krüger und vermutlich auch das Kind.«

»Klingt logisch. Nur wie willst du das Fahrzeug finden? Norderney ist der Heuhaufen und das Fahrzeug die Stecknadel.«

Lea lief zu der großen Übersichtskarte von Norderney, die Sabine dort vor einigen Monaten mit unzähligen Klebestreifen an die Wand befestigt hatte.

»Hier!«

Sie machte eine kreisende Bewegung mit der rechten Hand.

»Ich vermute den Wagen in diesem Radius.«

»Wieso bist du dir da so sicher?«, wollte Sabine wissen.

»Ich glaube nicht, dass Krüger sich sehr weit vom Ort entfernt hat. Ein Handwerkerfahrzeug würde am Ostende der Insel eher auffallen als in der Nähe eines stark besiedelten Bereichs. Krüger ist clever. Ihm ist die Flucht aus der JVA gelungen. Er wird sich unweit der Stadt aufhalten.«

»Soll ich Flessner informieren?«, fragte Sabine.

»Nein. Erstens hat der keine Zeit und zweitens würde ein Einsatzfahrzeug der Polizei Krüger nur verscheuchen. Sobald ich eine genaue Beschreibung des Fahrzeuges habe, werde ich Taxifahrer und Passanten fragen. Zur Zeit sind nicht viele Autos auf der Insel unterwegs, da könnte ein Handwerker vom Festland mit seinem Transporter durchaus auffallen.«

»Willst du das Fahrzeug auf eigene Faust suchen?«

»Klar, Sabine. Sonst macht das ja keiner. Kannst du deinen Kontaktmann in Aurich bitten, uns eine Beschreibung des gestohlenen Fahrzeugs zu übermitteln, aber bitte so, dass der Staatsanwalt nichts davon erfährt?«

»Klar! Ich kümmere mich darum. Natürlich äußerst diskret«, sagte Sabine, lachte und verließ den Raum.

Es dauerte keine fünf Minuten, da stand sie mit einem breiten Grinsen wieder im Büro.

»Und?«, fragte Lea.

»Es ist ein weißer Transporter der Marke Volkswagen. Das Fahrzeug ist an den Seiten fensterlos. Links und rechts steht der Name ›Wagner Haustechnik‹ auf den Seitenwänden des Fahrzeugs. Schwarze Schrift auf weißem Grund sowie ein großes rotes ›W‹ mit einer lachenden gelben Sonne. Das Kennzeichen wollte oder konnte er mir nicht mitteilen. Hier ist ein Foto von einem ähnlichen Fahrzeug. Ich habe es auf der Internetseite der Firma Wagner gefunden.«

»Danke für die Infos, Sabine. Ich fahre jetzt los. Ich werde am Fähranleger mit der Suche beginnen und von dort Richtung Grundschule fahren. Vielleicht finde ich trotz des miesen Wetters jemanden, der sich an das Fahrzeug erinnert. Bis später, Sabine.«

»Sei vorsichtig, Lea! Es ist verdammt stürmisch. Wenn du das Fahrzeug findest, unternimm nichts auf eigene Faust. Informiere Flessner, bevor du etwas tust.«

»Mach ich. Tschüss, Biene.«

Kapitel 21

Lea hielt mit ihrem stark schaukelnden Auto unweit der Kreuzung Hafenstraße/Deichstraße. Der Hafenbereich war für Fahrzeuge abgesperrt. Sie musste zu Fuß gehen, was bei diesem Sturm alles andere als ein Vergnügen war. Sie musste sich mit aller Kraft gegen den Wind stemmen, der jetzt direkt von vorne kam.

Nach annähernd fünfzig Meter, kurz vor dem Wattenwelten-Gebäude, traf sie auf einen älteren Mann, der damit beschäftigt war, Werbetafel, Fahrräder und andere bewegliche Gegenstände vor dem Sturm zu sichern.

»Moin, Hauptkommissarin Lea Landgraf, ich suche einen VW-Transporter.« Lea musste schreien, um sich verständlich zu machen.

»Was wollen Sie?« Der Mann schaute sie verwundert an.

»Ich suche ein Fahrzeug. Es ist weiß und trägt die Aufschrift ›Wagner Haustechnik‹. Haben Sie es gesehen?«

»Jo!« Der Mann hielt seine Mütze fest. Mit einer fast drei Meter langen Kette versuchte er, zwei Hinweistafeln an einen Betonpfeiler festzuzurren. Er musste viel Kraft aufwenden, bevor ihm das gelang.

»Und? Wo ist das Auto hingefahren?«, wollte Lea wissen.

»Der kam von dort, von der Fähre, und ist in diese Richtung gefahren.« Der Mann streckte seinen Arm aus und zeigte in Richtung Ortsmitte. »Vielleicht wollte er dort tanken oder hatte einen Job in der Stadt.«

»Ja. Danke! Sie haben mir sehr geholfen.«

Wenn Krüger sich auf Norderney auskannte, was Lea vermutete, war er von hier direkt zur Grundschule gefahren, hatte dort das Kind in sein Auto gelockt und war mit ihm davongefahren. Vermutlich war Krüger übermüdet und suchte nach einem Platz, wo er sich ausruhen und das auffällige Fahrzeug verstecken konnte.

Hier, in der Nähe des Fähranlegers, konnte Lea sich fast nicht auf den Beinen halten. Der Wind kam direkt vom Wasser und fegte mit aller Kraft über den Platz. Wo sonst Autos, Taxis und Busse standen, Fahrradfahrer fuhren und Feriengäste mit Koffern und Taschen zu ihren Unterkünften liefen, sah man nur riesige Wasserlachen und Arbeiter, die vor dem beginnenden Regen eilig ins Trockne flüchteten. Für Lea wurde es Zeit, ihr Auto aufzusuchen. Die Kapuze tief ins Gesicht gezogen, ließ sie sich vom Rückenwind treiben. Nur nicht hinfallen, dachte Lea.

Flessner hatte recht gehabt, ihr Auto war für diesen Sturm nicht geschaffen, es wackelte hin und her wie ein leerer Schuhkarton im Wind.

»Halt durch, Kleiner. Wir beide schaffen das«, sagte Lea. Mit aller Kraft öffnete sie die Tür des Wagens, stieg ein und fuhr die Hafenstraße entlang Richtung Stadt.

Sie wusste, wo sich die Grundschule befand, Sabine hatte ihr den Weg auf der Karte gezeigt.

Das Gelände dort war wie ausgestorben, das Gebäude

verwaist. Papier und verdorrtes Laub flogen über den Schulhof. Lea parkte ihr Auto an der Straße und lief zum Haupteingang, in der Hoffnung, dort noch eine Lehrkraft anzutreffen. Gerade als sie die Schule betreten wollte, kam ihr ein Mann in einem grauen Kittel entgegen.

»Moin, da kommen Sie nicht mehr rein. Der Schulbetrieb ist wegen des Sturms eingestellt. Wo wollen Sie hin?«

»Moin, ich bin Hauptkommissarin Lea Landgraf und wer sind Sie?«, fragte Lea.

»Hubert Budde. Hausmeister. Ich bin der Letzte hier. Schüler und Lehrer sind heute nach der vierten Stunde gegangen. Ich muss alles hier sichern. Heute Abend soll der Wind noch heftiger werden.«

»Herr Budde, haben Sie einen weißen VW-Transporter gesehen, mit der Aufschrift ›Wagner Haustechnik‹?«

»Ja. Habe ich.«

»Wann?«, wollte Lea wissen.

»Heute Vormittag. Ich kam gerade vom Fahrradstand, als der mit einem Affenzahn an mir vorbeisauste. Hier ist Dreißiger-Zone. So einem müsste man sofort den Führerschein wegnehmen.«

»Konnten Sie sehen, wer im Wagen saß?«

»Nee. Bei dem Tempo? Nee. Unmöglich. Nee, konnt ich nicht.«

»Wo ist der Wagen hingefahren?«

Der Mann streckte seinen rechten Arm aus. »Da lang. Er ist die Jann-Berghaus-Straße hochgefahren. Wenn Sie den Kerl erwischen wollen, müssen Sie nur auf die Jann-Berghaus-Straße bleiben und dann immer gerade aus.«

»Das werde ich schon finden. Ich habe ein Navi im Auto.«

»Navi? Das Ding hat ein Navi?«, ungläubig schaute der Hausmeister zu dem Kleinwagen. »Ich hoffe, Sie bekommen diesen Raser zu fassen.«

»Das hoffe ich auch. Danke, Herr Budde. Tschüss.«

Lea blieb kurz stehen und schaute sich um. Niemand war zu sehen. Ohne Kinder, die über den Schulhof tobten, wirkte das Gelände trostlos. Vermutlich dort, dachte Lea, wo gerade eine leere Bierdose vom Wind getrieben, über das Pflaster rollte, hatte Krüger gestanden und das Mädchen zu sich gelockt. Warum war Rieke nicht weggelaufen? Kannte sie den Mann?

Jetzt hatte sie die Bestätigung des Hausmeisters, Krüger war hier gewesen. Lea war sich sicher, auf der richtigen Spur zu sein. Wo war er hingefahren? Sie versuchte sich in die Gedankenwelt des flüchtigen Straftäters hineinzuversetzen. Was macht so ein Typ, der gerade ein Auto gestohlen und ein Kind entführt hat? Untertauchen, unsichtbar werden, dachte Lea. Krüger muss solange von der Bildfläche verschwinden, bis sich die Lage beruhigt hat.

Der Regen wurde wieder heftiger. Lea schaute zum Himmel, wo düstere Wolken sich türmten und vom Wind getrieben rasch nordöstlich zogen. Es wurde Zeit, das Auto wieder aufzusuchen. Leas Gehirn lief auf Hochtouren. Sie musste herausfinden, was der oder die Entführer vorhatten. Dann kam ihr ein Gedanke. Ja, sie hatte eine Ahnung, was Krügers Plan sein könnte. Ein Lächeln huschte über ihr Gesicht. Sie stieg in ihr Auto. Die grobe Richtung war ihr bekannt. Jetzt hieß es: Augen aufhalten. Lea beherzigte den Hinweis des Hausmeisters, bog auf die Jann-Berghaus-Straße und folgte dem Straßenverlauf.

Ich würde mir einen Unterschlupf suchen, wenn ich auf der Flucht wäre. An irgendeinem Ort, wo es trocken und geschützt ist, dachte Lea. Sie fuhr im gemäßigten Tempo die Jann-Berghaus-Straße entlang. Kein Auto folgte ihr, kein Fahrzeug kam ihr entgegen. So etwas hatte sie noch nie auf Norderney erlebt.

Kapitel 22

Sie umklammerte das Lenkrad mit beiden Händen, während sie konzentriert auf die Fahrbahn starrte. Für Lea wurde es immer schwieriger, das kleine Gefährt auf der Fahrbahn zu halten.

»Sie haben schuld, wenn ich im Graben lande, Herr Doktor Maibach!«, schimpfte Lea laut, während sie stark gegenlenkte.

»Warum habe ich keinen SUV als Dienstwagen bekommen? Dies ist ein Schönwetterstadtwagen, aber kein Einsatzfahrzeug für eine Nordseeinsel bei Regen und Wind.«

Die Sicht verschlimmerte sich von Minute zu Minute. Regen, getrieben von heftigen Böen, prasselte gegen die Frontscheibe des Wagens. Die Scheibenwischer konnten kaum etwas ausrichten. Lea musste die Geschwindigkeit drosseln, klebte fast mit der Nase vor der Scheibe. Bei diesen Sichtverhältnissen war es so gut wie unmöglich, den Verlauf der Straße zu erkennen.

Wie sollte sie unter diesen widrigen Umständen einen

Transporter finden? Lea stoppte den Kleinwagen. Sie wusste nicht, ob sie auf der Straße oder bereits am Straßenrand stand. Um ihr herum tobte der Sturm. Regen prasselte auf das Autodach. Der Kleinwagen schaukelte wie ein Ruderboot auf dem Maschsee bei starkem Wellengang. Es heulte, krachte und dröhnte überall um sie herum. Vermutlich hatte das Sturmtief Norderney in diesen Minuten erreicht.

Lea griff zum Handy.

»Hallo Sabine, kannst du etwas für mich recherchieren?«

»Wo steckst du, Lea? Hast du eine Spur von dem VW-Transporter?«

»Nein, aber ich bin nahe dran.«

»Ich kann dich kaum verstehen, Lea. Was ist das für ein Lärm bei dir?«

»Regen, Wind und Hagel. Ich verstehe dich auch ganz schlecht. Sabine, ich suche nach einer Halle oder einem größeren Gebäude.«

»Wo befindest du dich jetzt?«, fragte Sabine.

»Gerade war ich auf der Jann-Berghaus-Straße, ich denke, mittlerweile bin ich auf der Südstraße, ganz in der Nähe der Deichstraße. Es ist schwer, sich bei diesem Unwetter zu orientieren. Gibt es hier größere Gebäude? Vielleicht einen Schuppen, eine Werkshalle, Garagen oder ein Winterstellplatz für Boote?«

»Moment. Ja! Etwa ein Kilometer von dir entfernt sind zahlreiche Gebäude.«

»Wie komme ich dahin?«, fragte Lea.

»Du musst auf die Deichstraße fahren, also von der Südstraße kommend, rechts abbiegen. Nach siebenhundert Meter siehst du auf der rechten Seite eine Einmündung. Sie führt in die Straße Am Hafen. Dort stehen jede Menge Hallen. Ein ideales Areal, um sich zu verstecken.«

Lea drückte ihr Smartphone fest ans Ohr, sie verstand nur wenige Brocken.

»Hallo, Sabine. Ich kann dich ganz schlecht verstehen. Wie hieß die Straße?« Lea drückte das Smartphone noch fester ans Ohr.

»Die Straße heißt Am Hafen. Dort … Hafengebiet sind diverse … Sei vorsichtig, Lea … dort … ist …«

Lea vernahm nur noch Wortfetzen, ein Rauschen und dann war das Gespräch beendet.

Sie warf das Smartphone auf den Beifahrersitz, fütterte das Navi mit dem Straßennamen »Am Hafen«, schaltete das Abblendlicht ein und fuhr los. Die Sicht nach vorne war miserabel. Hoffentlich, so dachte sie, habe ich den Straßennamen richtig verstanden.

Immer wieder musste sie die Seitenscheibe des Wagens herunterlassen, um sich zu orientieren, wobei sie jedes Mal eine kalte Regendusche ins Gesicht bekam. Von der Südstraße fuhr sie blind auf die Deichstraße. Sie konnte nicht erkennen, ob Fahrzeuge von links oder rechts kamen. Auf gut Glück bog sie ab. Die Deichstraße verlief schnurgerade, so dass Lea nur das Lenkrad festhalten und Gas geben musste. Sie fuhr extrem langsam und hoch konzentriert.

Obwohl es gerade kurz nach 15 Uhr war, konnte sie draußen kaum etwas erkennen. Es war stockdunkel. Der Regen, der flach und direkt von vorne auf ihr Auto prasselte, machte es unmöglich, weiter als drei Meter zu schauen. Die kleinen Scheinwerfer des Smarts leuchteten tapfer in das dunkle Nichts. Ihre Strahlkraft reichte aber nicht aus, um die Regenwand zu durchbrechen.

»In fünfzig Metern haben Sie Ihr Ziel erreicht. Ihr Ziel liegt auf der linken Seite.«

»Gutes Navi. Braves Navi. Ich habe es bald geschafft. Ich bin gleich da«, jubelte Lea.

Die Scheibenwischer taten weiter, was sie konnten, aber es reichte nicht. Der Regen peitsche gegen die Frontscheibe und nahm Lea jede Sicht. Sie beobachtete, wie die Wischer wacker gegen die Wassermassen ankämpften. Ein ungleicher Kampf, den sich die Konstrukteure in dieser Form wohl nicht vorgestellt hatten. Die beiden quirligen Wischer wurden langsamer und langsamer. Irgendwann, kurz bevor sie die Ruhestellung erreicht hatten, blieben sie stehen, quittierten den Dienst und rührten sich nicht mehr vom Fleck. Jetzt sah Lea endgültig nichts mehr. Sie starrte, die Augen weit aufgerissen, dicht vor der Scheibe sitzend, nach vorne. Erschrocken riss sie das Lenkrad herum, als plötzlich Lichter, verschwommen aufgrund des Wassers auf der Frontscheibe, vor ihr auftauchten. Sie kamen näher. Schnell näher. Scheinwerfer. Grelle Scheinwerfer. Sie kamen direkt von vorne. War sie auf die Gegenfahrbahn geraten? Lea erkannte ein gelb leuchtendes Taxischild. Das Taxi hupte, blinkte mit dem Fernlicht auf und ab, und kam mit hoher Geschwindigkeit direkt von vorne auf sie zu.

Lea schlug den Lenker ein. Der Kleinwagen reagierte sofort. Mit hohem Tempo sauste das Taxi an ihr vorbei. Wassermassen klatschten gegen ihr Auto. Sie spürte, wie der Wagen ins Rutschen kam. Lea bremste, die Reifen blockierten, sie fanden keinen Halt. Der Smart schlitterte nach rechts, ruckelte, kippte leicht zur Seite, wurde langsamer und blieb nach wenigen Metern stehen. Lea versuchte den Wagen wieder in Bewegung zu versetzen, schaltete, gab mal weniger, mal mehr Gas. Ohne Erfolg. Sie hörte, wie die Reifen durchdrehten. Nichts. Ihr Dienstwagen rührte sich nicht von der Stelle.

Leas spontane Lenkbewegung hatte Folgen. Das Auto, mit seinen schmalen Rädern, steckte mit Schlagseite im matschigen Kleiboden fest. Lea war bei ihrem Ausweichmanöver zu weit von der Straße abgekommen. Jetzt stand sie auf dem völlig aufgeweichten Grünstreifen neben der Fahrbahn. Der Kleinwagen schaukelte bei jedem Windstoß, rührte sich aber nicht vom Fleck.

Draußen war es dunkel. Der Himmel, tiefschwarz, entlud alles, was er zu bieten hatte. Es blitzte, hagelte und regnete. Sträucher, Äste und ein alter Gartenstuhl schossen über die Straße, als würden sie von einer großkalibrigen Kanone abgefeuert. Immer wieder knallten Zweige, Laub und Äste gegen das Blech des Wagens.

Hier ist Ende, dachte Lea. Ohne fremde Hilfe bekomme ich den Wagen nicht wieder auf die Straße. Sie schaute auf das Navi. Das Ziel hatte sie fast erreicht.

Lea griff zum Smartphone und versuchte, Sabine zu erreichen. Nichts. Keine Verbindung. Beim vierten Versuch, Lea wollte gerade aufgeben, hörte sie dann doch Sabines Stimme.

»Hallo! Lea, wo steckst du?«

»Sabine, ich bin in unmittelbarer Nähe der Straße Am Hafen. Mein Wagen steckt fest. Ich kann nicht mehr fahren. Ich benötige Hilfe!«, schrie Lea in das Smartphone.

Was zurückkam, waren Wortfetzen, die keinen Sinn ergaben. Lea fluchte.

»Welcher Idiot steht da auf der Leitung. Immer, wenn man so ein Gerät braucht, funktioniert es nicht.«

Sie versuchte es ein weiteres Mal. Plötzlich war Sabine unerwartet gut zu verstehen.

»Hallo Sabine, mein Auto steckt fest. Ich komme nicht von der Stelle. Kannst du Flessner oder jemand anderes informieren? Ich befinde mich auf der Deichstraße, kurz vor der Einmündung Am Hafen.«

»Lea, ich kann dich kaum verstehen«, hörte sie Sabine sagen, dann brach die Verbindung erneut ab.

»Mist, was ist denn jetzt wieder los?«

Wütend schaute Lea auf das Display ihres Smartphones.

»Akku leer. Auch das noch«, stöhnte Lea.

Sie warf das Gerät auf den Beifahrersitz.

Dann zog sie die Kapuze ihrer Jacke fest über den Kopf, nahm die Taschenlampe, die immer im Auto lag, und verließ den Wagen. Es goss wie aus Eimern. Trotzdem war ein Regenschirm jetzt wenig hilfreich.

Kaum war Lea ausgestiegen, riss ihr der Wind die Autotür aus der Hand. Die Tür knarrte in den Scharnieren, die in diesem Moment deutlich überlastet wurden, und schlug mit einem lauten Knall wieder zu. Kaum dass Lea auf der Straße stand, packte eine Windböe sie. Sie strauchelte, rutschte, und konnte sich in letzter Sekunde noch an ihren Smart klammern. Das Wägelchen schaukelte und wackelte, als würde es von einem Dutzend starker Männer geschüttelt. In diesem Moment wären ihr die Männer lieber gewesen als der Orkan. Sie richtete die Taschenlampe auf die Räder des Wagens. Sie hatten sich tief in den weichen Boden eingegraben. Ihr Smart saß fest. Um aus diesem Dreck wieder herauszukommen, brauchte sie einen Abschleppwagen.

Lea hielt sich mit den Händen am Wagen fest, drehte den Kopf nach links und rechts, konnte aber nichts erkennen. Immer wieder klatschte ihr der kalte Regen ins Gesicht. Die Sicht war, trotz Taschenlampe, extrem eingeschränkt. Sie schaute sich um, nirgends war ein Gebäude oder ein Licht zu erkennen. Ihr blieb nichts anderes übrig, sie musste den Weg zu Fuß fortsetzten. Draußen war es gefährlich, das wusste sie, aber im Smart konnte sie auch nicht bleiben. Der Weg zurück zum Büro war zu Fuß, bei diesem Wetter, unmöglich. Sie musste ein Gebäude in der Nähe finden und dort den Sturm abwarten.

Sie könnte natürlich hier beim Auto bleiben und warten, bis ein anderes Fahrzeug vorbeikommen würde. Warten war aber nicht ihr Ding.

Nein, dachte Lea, bevor mich der Wind von der Straße fegt, suche ich mir einen Unterschlupf.

Mit gesenktem Kopf, den Körper nach vorne gebeugt und das Gesicht vermummt, versuchte sie, immer am Straßenrand entlang, sich fortzubewegen. Trotz der niedrigen Temperatur war ihr nicht kalt. Jetzt zeigte sich, dass die Investition in eine teure Outdoor-Jacke richtig gewesen war. Mühsam, Schritt für Schritt, kam sie voran. Der Wind drückte mit aller Gewalt gegen ihren Körper. Das Atmen fiel ihr schwer. Das Gehen war strapaziös, mühevoll und manchmal fast unmöglich. Sie wollte dennoch nicht aufgeben. Sie musste zu einem Gebäude. Blitze zuckten über den schwarzen Himmel. Donner grollte. Lea schwenkte die Taschenlampe von links nach rechts. Mehr als zwei Meter konnte das Ding den Regen nicht durchdringen. Sie entdeckte nichts, was ihr eine Orientierung bot.

Kapitel 23

Wie weit sie bereits gelaufen war, konnte sie nicht beurteilen. Ihr Smart war schon längst nicht mehr zu sehen. Immer wieder knallten ihr Hagelkörner ins Gesicht, kalt und schmerzhaft. Einen derartigen heftigen Sturm hatte sie in ihrem Leben noch nie erlebt. Nach einer gefühlten Ewigkeit bemerkte sie zwei Lichtpunkte. Sie kamen schnell näher. Ein Auto.

War es Flessner?

Lea fuchtelte mit den Armen. Das Fahrzeug hielt. Sie schritt, so schnell sie konnte, zu dem Wagen, öffnete mit Mühe die Beifahrertür und stieg, ohne zu fragen, ein.

»Moin. Sie sind meine Rettung«, sagte Lea erschöpft, aber glücklich, zu dem Fremden am Lenkrad.

»Hallo! Was macht eine junge Frau bei diesem Wetter alleine auf der Straße?« Der blasse, hagere Mann schaute sie fragend an.

»Mein Auto ist stecken geblieben. Ich bin auf dem Weg zu einer Bootshalle, hier in der Nähe vom Hafen. Mein Freund wollte mir seine neue Jolle zeigen. Wir wollten uns dort am späten Nachmittag treffen. Er hat vor wenigen Minuten abgesagt. Als ich mit dem Auto wenden wollte, um wieder nach Hause zu fahren, habe ich mich festgefahren«, flunkerte Lea.

»Soll ich Sie zu dieser Bootshalle fahren oder Sie lieber in die Stadt bringen?«

»Wenn es für Sie keine Umstände macht, bitte zur Bootshalle. Dort wird mich gleich ein Taxi abholen«, sagte Lea spontan.

»Es ist nicht mehr weit von hier. Zu Fuß hätten Sie es bei dem Wetter aber kaum geschafft.«

»Das ist lieb von Ihnen, dass Sie mich mitnehmen und dort absetzen.«

NACH ETWA VIERZIG Metern verließen sie die Deichstraße und bogen in eine schmale Zufahrt. Der Geländewagen fuhr an einem größeren weißen Gebäude vorbei, das im Regen kaum zu erkennen war. Lea versuchte sich gerade mit einem Papiertaschentuch das Wasser aus dem Gesicht zu wischen, als sie überraschend unter einer Straßenlaterne hielten.

»Wir sind da. Weiter kann ich nicht fahren. Das Hafengebiet ist überschwemmt. Dort drüben, am Ende der Halle, können Sie sich unterstellen und auf Ihr Taxi warten.«

Lea stieg aus dem alten Geländewagen, der extrem nach Diesel roch.

»Danke und weiterhin gute Fahrt«, sagte Lea, schlug die Tür zu und zog sich die Kapuze fest über den Kopf.

Der hagere Mann am Lenkrad schaute ihr kurz nach, wendete den Wagen und fuhr langsam davon.

Sie konnte es nicht sehen, aber sie vermutete, dass sie in unmittelbarer Nähe des Yachthafens stand. Hier, ganz in der Nähe, war sie im letzten Herbst gewesen, hatte Fotos gemacht, bevor Sven sie zum Essen eingeladen hatte. Sie hatten draußen gesessen, bei herrlichem Sommerwetter, gegessen, getrunken und aufs Wasser geschaut. Damals, so dachte sie wehmütig, hatte Sven sie begleitet, jetzt war sie allein. Ob er an sie dachte?

Der Wind kam hier fast ungebremst vom Wasser und donnerte mit aller Kraft über den Hafenbereich. Sie musste schnell einen trocknen, sicheren Platz finden, bevor der Orkan sie von den Füßen reißen würde.

Vor ihr, etwa zehn Meter entfernt, stand das große, weiße, unbeleuchtete Gebäude. Sie wollte hier nicht verweilen. Nur wohin sollte sie gehen? Lea lief weiter, in der Hoffnung, ein anderes Gebäude zu finden, das für sie günstiger zum Wind stand. Sie hatte Glück. Wenige Meter weiter entdeckte sie ein weiteres, langgestrecktes Gebäude. Hier gab es keine Straßenlaterne, dafür aber Schutz vor dem eisigen Wind und dem heftigen Regen. Lea atmete tief durch. Es war eine Wohltat, für einen Moment den starken Orkan nicht zu spüren. Hier wehte es zwar auch, nur nicht so heftig.

Wo war sie? Lea durchwühlte alle Taschen ihrer Jacke. Nach einer halben Minute wurde sie fündig. Ihre Inselkarte. Es war eines der ersten Dinge, die sie letztes Jahr nach der Ankunft auf Norderney gekauft hatte.

»Wozu brauchst du eine Inselkarte? Du hast doch dein Smartphone«, hatte Sabine damals gefragt.

Manchmal, so empfand es Lea, war eine kleine Übersichtskarte auf Papier praktischer als eine digitale Map in der Hosentasche.

Sie hockte sich hin, legte die Taschenlampe in ihren Schoß und entfaltete mit beiden Händen die Karte. Ein schwieriges Unterfangen bei dem Wind und dem starken Regen. In diesem Moment hätte eine digitale Karte klare Vorteile.

»Hier bin ich also«, seufzte Lea leise. Mehrere Minuten versuchte sie sich den Straßenverlauf einzuprägen, bevor sie sich wieder erhob, die Inselkarte einsteckte und ihren Weg fortsetzte.

Im Windschatten der Gebäude kam sie gut voran. Vor den Lücken, zwischen den einzelnen Grundstücken, musste sie sich in Acht nehmen, hier brauste der Sturm ohne Erbarmen über die unbebauten Flächen.

Sie wusste nicht, wie lange sie schon gelaufen war, als sie ein schwaches Licht in der Ferne sah. Es war das einzige Licht, das sie hier neben einigen wenigen Straßenlaternen ausmachen konnte.

Vielleicht waren dort Menschen, vielleicht gab es dort Kaffee und vielleicht gab es dort auch ein Telefon, dachte Lea und lief geradewegs auf das Licht zu.

Der Regen ließ leicht nach, dafür nahm der Wind gefährlich an Stärke zu. Lea lief am Straßenrand entlang, versuchte jeden Windschutz zu nutzen, kam nur langsam dem Lichtschein näher. Ihre Taschenlampe hatte sie längst ausgeschaltet. Mit jedem Meter zeichneten sich mehr und mehr die Umrisse eines großen Gebäudes ab. Es war eine Stahlhalle. Menschen waren nicht zu sehen. Sie ging näher an das Gebäude heran, drückte sich an die Wellblechwand, so dass sie ein wenig Schutz vor der Witterung hatte.

Lea blieb kurz stehen und horchte. Hatte sie ein Motorengeräusch gehört? Sie schaute sich um. Nirgendwo war ein Fahrzeug zu sehen. Langsam lief sie weiter.

Vor dem Gebäude standen Trailer, die für den Transport von Booten und Yachten bereitstanden. Die Vermutung lag nahe, dass es sich hier um ein Winterquartier für Schiffe handelte.

Links, parallel zum Gebäude, entdeckte sie einen kleinen Holzverschlag, der zur Gebäudeseite offen war. Das primitive Bauwerk diente als Wetterschutz für zwei große Müllcontainer. Ein idealer Unterstand für mich, dachte Lea und begab sich zu dem hölzernen Bauwerk. Kaum hatte sie den Verschlag erreicht, als ihr etwas Ungewöhnliches auffiel. Von Weitem hatte sie das Ding nicht bemerkt. Jetzt aus der Nähe fiel es ihr sofort auf: Vor ihr stand ein großes, weißes Fahrzeug.

»Volltreffer«, sagte Lea leise. Vielleicht befand sich noch jemand in dem Transporter. Sie ging ein paar Schritte näher heran. Vor ihr stand der gesuchte VW-Transporter. Seitlich, auf die Außenwände des Fahrzeugs angebracht, las sie ›Wagner Haustechnik‹. Lea konnte ihr Glück kaum fassen. Trotz des widrigen Wetters hatte sie den gestohlen Firmenwagen gefunden. Gerne hätte sie Doktor Maibach von ihrem Fund berichtet, doch dann fiel ihr ein, dass ihr Smartphone mit leerem Akku in ihrem Auto lag. Sie hatte keine Möglichkeit, die gute Nachricht mit anderen zu teilen. Was sollte sie jetzt machen?

Lea umrundete den Wagen, legte ihr Ohr an das kalte Blech und horchte. Sie vernahm weder Geräusche noch Stimmen. Der Wagen war leer. Lea musste sofort an Rieke denken. War das Kind hier in der Nähe?

Wo das Fluchtfahrzeug war, konnte Krüger nicht weit sein, dachte Lea. Sie nahm ihren langen, weißen Schal, den sie um den Hals trug, knotete ihn an einen der Stützpfeiler des Holzverschlags. Sie verließ den schützenden Unterstand. Das schwache Licht kam aus einem kleinen Dreiecksfenster oben am Giebel des Gebäudes. Sie musste einen Zugang zur Bootshalle finden.

Wie eine Katze auf Mäusejagd schlich sie an der Wand der Bootshalle entlang. Einerseits um nicht aufzufallen, andererseits um etwas Schutz vor dem Wetter zu haben.

Die erste Tür, die sie fand, ließ sich nicht aufsperren. Ein paar Schritte weiter erreichte sie ein fünf Meter breites Rolltor, das anscheinend nur von innen geöffnet werden konnte. Lea schlich weiter. Der Boden unter ihren Füßen fühlte sich weich und glitschig an. Sie musste aufpassen, dass sie nicht ausrutschte. Nur vor den Eingängen war der Untergrund befestigt worden, ansonsten lief Lea durch Gras und Matsch, bis sie zu einer weiteren Tür kam. Eine graue Stahltür, auf der mittig ein Hinweisschild montiert war. »Zutritt verboten. Vorsicht bissiger Hund« las Lea. Auch das noch, dachte sie und betätigte vorsichtig den Türgriff. Die Tür ließ sich öffnen. Lea trat ein.

Endlich konnte sie ihre Kapuze vom Kopf nehmen und durchatmen. Der Raum war dunkel, roch nach Farbe und Benzin. Ein kleines Fenster zu ihrer Rechten war schemenhaft zu erkennen. Es war vergittert.

Lea wusste nicht, wie groß der Raum war und ob er über weitere Türen verfügte. Sie merkte, wie sie in einer Pfütze stand, vermutlich Wasser, das durch die Decke oder die Tür eingedrungen war. Lea horchte. Außer den Windgeräuschen und dem Prasseln des Regens auf das Wellblechdach war nichts zu hören. Sie zog die Taschenlampe aus der Jackentasche und schaltete das Licht ein. Der schmale Lichtkegel fiel auf eine Werkbank. Ein aus dicken Eichenholzbohlen gefertigter und mit Stahlbändern verstärkter hoher Tisch, an dem ein Schraubstock montiert war. Etwa ein Meter über dieser Werkbank hatte man zwei Regale angebracht, primitiv aus alten Brettern und Holzlatten zusammen gezimmert. Zwischen Werkbank und den Regalen befand sich eine Spanplatte, die man an mehreren Stellen an die Wand gedübelt und mit Haken versehen hatte. Sie hing voll mit Werkzeug: Zangen, Schraubenzieher und Schraubenschlüssel in allen Größen.

Gegenüber der Eingangstür im hinteren Bereich stapelten sich Autoreifen, Farbeimer und Ölkanister. Daneben ein Segeltuch. Alt und dreckig. Lea leuchtete den ganzen Raum ab. Sie befand sich in einer Werkstatt, das war ihr jetzt klar. Links gegenüber der Werkbank standen drei Metallschränke. Spinde. Die Türen standen offen. Sie waren, bis auf ein paar Putzlappen und Farbdosen, leer.

Lea machte einige Schritte in Richtung der Schränke, stolperte über ein Hindernis, fiel zu Boden und landete auf etwas Weichem. Die Taschenlampe war ihr heruntergefallen. Sie angelte nach der Leuchte, nahm sie in die Hand, sah sich um und erschrak. Was der Lichtkegel erfasste, ließ sie für einen Moment erschaudern.

Sie lag auf einem menschlichen Körper. Es war ein Mann, mit einer dunklen, gesteppten Jacke, schwarzer Jeans und derbem Schuhwerk. Die Pfütze, in der sie gerade noch gestanden hatte, war eine Blutlache.

Lea rappelte sich auf und betrachtete den leblosen Körper zunächst im Stehen. Dann kniete sie sich neben den Mann, horchte, ob sie eine Atmung vernahm, legte zwei Finger auf die Halsschlagader und fühlte zudem den Puls am Handgelenk. Sie fuhr mit dem Licht der Taschenlampe über den leblosen Körper. Sie wollte keine voreiligen Schlüsse ziehen, aber für diesen Mann kam anscheinend jede Hilfe zu spät. Oberhalb der Augenbrauen, kurz unter dem Haaransatz, befand sich ein Einschussloch, zwei weitere im Brustbereich. Der Täter war auf Nummer sicher gegangen. Vermutlich hätte der Schuss in die Stirn ausgereicht, um diesen Mann zu töten.

Mit der Taschenlampe suchte Lea den Raum nach Spuren ab, so gut, wie es unter diesen widrigen Bedingungen möglich war. Lea fand vier Hülsen, das hieß, ein Schuss war danebengegangen und drei hatten getroffen. War es Krüger gewesen? Wenn ja, woher hatte er die Waffe? Lea musste vorsichtiger sein. Eine Schusswaffe hatte sie bei dem Flüchtigen nicht vermutet. Krüger war als Gewalttäter bekannt, dass er Schusswaffen benutzte, war bislang von keiner Seite aus erwähnt worden.

Wer war der Mann, der vor ihr am Boden lag? Was hatte er hier gewollt? Hatte er Schutz vor dem Unwetter gesucht?

Lea tastete den leblosen Körper ab und wurde fündig. Neben einer Armbanduhr fand sie in der linken Brusttasche eine Geldbörse mit vierzig Euro sowie diverse Dokumente. Eigentlich hatte sie gehofft, ein Handy zu finden, damit sie endlich telefonieren konnte, aber weder in den Taschen des Toten noch in dem kleinen Raum fand sie ein Mobiltelefon.

Sie richtete die Taschenlampe auf das blutleere Gesicht des Toten. Nein, diesen Menschen hatte sie noch nie vorher in ihrem Leben gesehen. Wer war dieser Mann?

Sie nahm das aus weichem Nappaleder gefertigte Portemonnaie in die Hand, zog die Dokumente nach und nach aus den Fächern und betrachtete sie im Licht der Taschenlampe. Neben Führerschein, Personalausweis und Kreditkarten fand Lea einen Ausweis. Der Mann arbeitete für einen Sicherheitsdienst. »Nordic-Security« las Lea auf dem Dokument. Also hatte er vermutlich das Areal kontrolliert und hier nach dem Rechten geschaut. Bei seinem Rundgang war der Wachmann eventuell auf Krüger gestoßen. Dieser hatte nicht lange gezögert und den Wachmann erschossen. Außer einem Schlagstock, der neben dem Toten lag, fand Lea keine Waffe. Wenn Krüger geschossen hatte, dann vermutlich bevor der Mann mit seinem Schlagstock hatte reagieren können. Tragisch, dachte Lea.

Kapitel 24

Lea wollte gerade die Taschenlampe zur Hand nehmen, als sie ein Poltern vernahm. Es kam von nebenan und war, trotz der Windgeräusche, deutlich hörbar. Irgendetwas tat sich in der Halle. Lea versuchte sich auf das Geräusch zu konzentrieren, aber der einsetzende Regen übertönte alles. Lea war sich sicher. Nebenan in der Halle, nur wenige Meter und mittels einer dünnen Wand von ihr getrennt, befand sich jemand.

Sie nahm die Taschenlampe und schlich zu der Tür, die Werkstatt und Bootshalle miteinander verband. Sie drückte den schwarzen Griff kraftvoll nach unten. Nichts. Die Tür ließ sich keinen Spalt öffnen. Lea musste einen anderen Weg finden, um in die Halle zu gelangen.

Hinten, an der Rückseite des Gebäudes, müsste es noch weitere Türen geben, dachte Lea.

Sie zog die Kapuze über den Kopf, ging zum Ausgang und drückte den Türgriff. Wieder passierte nichts. Lea rüttelte und rüttelte, aber die Tür, durch die sie gekommen war, gab nicht nach. Sie ließ sich von innen nicht öffnen.

Lea trat wütend gegen die Tür. Hatte sie sich beim Zuschlagen verriegelt? Lea leuchtete mit der Taschenlampe den Raum ab. Das Fenster war vergittert. Sie saß in der Falle, ohne Essen, ohne Trinken und ohne Smartphone.

»Das kann ja ein gemütlicher Abend werden«, seufzte Lea.

Sie musste aus diesem Raum herauskommen. Werkzeug gab es genug. Lea nahm eine Brechstange von der Werkbank, angerostet, über einen Meter lang und mindestens vier Kilo schwer. Mit dem Ding, so dachte Lea, könnte man eine zwölf Zentner schwere Kuh erschlagen.

Sie positionierte das schwere Stück Metall zwischen Tür und Rahmen und versuchte mit aller Kraft gegen zu drücken. Ein kurzes Knarren, eine kleine Schraube löste sich, fiel zu Boden und ein leichter Windzug streifte ihr Gesicht. Hatte sie es geschafft?

Lea wiederholte den Vorgang. Immer und immer wieder stemmte sie sich gegen die Brechstange – ohne Erfolg. Der Ausgang blieb verschlossen. Allem Anschein nach wurde hier eine zusätzliche Türsicherung verbaut, um ungebetene Gäste fernzuhalten. Diese Tür aufzuhebeln, war aussichtslos.

»Scheiße!«, zischte Lea.

Sie legte die Brechstange zurück auf die Werkbank und verharrte für einen Moment. Sie musste hier raus. Nur wie?

Sie leuchtete den Raum erneut ab. Als sie den Lichtstrahl auf den Boden richtete, sah sie wieder den leblosen Körper.

Lea lief in den hinteren Bereich, räumte mehrere schwarze und rote Kugelfender beiseite und zog ein gräuliches Stück Segeltuch aus einer dunklen Ecke, faltete den

Stoff auf ein handliches Format und legte es über die Leiche.

Danach setzte sie sich auf einen Stapel Autoreifen, schaltete die Taschenlampe aus und dachte nach. Wie sollte es weitergehen? Hatte sie versagt? Sie hatte einen Toten gefunden. Gut. Nur was änderte es an der Tatsache, dass sie nach wie vor keine Spur von dem Kind und von dem flüchtigen Straftäter hatte? Sie musste hier raus. Raus. Raus.

Erneut schaltete sie die Taschenlampe ein und sah sich abermals um. Es war aussichtslos. Ohne fremde Hilfe würde sie hier nicht herauskommen. Frühestens morgen, wenn das Wetter sich beruhigt hatte, ein Insulaner oder ein Feriengast ihr liegengebliebenes Auto finden würde, könnte sie auf Hilfe hoffen. Eventuell käme auch ein Bootseigner vorbei, der hier nach dem Rechten sehen möchte. Bis dahin musste sie durchhalten.

Keine guten Aussichten, dachte Lea.

Ob Sabine schon Feierabend gemacht hatte? Saß sie noch im Büro? Wartete sie auf ihre Rückkehr? War Flessner informiert?

Lea schaute auf die Uhr. Seit fast zwei Stunden saß sie hier, gefangen in einer kleinen, dunklen Werkstatt.

Immer wieder erhob sie sich von ihrem Platz, probierte verschiedene Werkzeuge, aber der Erfolg blieb aus. Die Eingangstür ließ sich nicht öffnen.

Der Regen trommelte weiter auf das Hallendach, und zwar dermaßen laut, dass man gewillt war, Gehörschutz zu tragen, falls sie vorhanden gewesen wären.

Lea saß auf dem Reifenstapel, mit einer alten, schmutzigen Decke über den Knien, die sie neben der Werkbank gefunden hatte, und wartete. Es war kalt in dem Raum und der Geruch von Chemikalien und Benzin wirkte sich nicht sonderlich gut auf ihr Wohlbefinden aus. Mit der Zeit hatten sich ihre Augen an die Dunkelheit gewöhnt, was aber die Situation auch nicht verbesserte. Die Zeit verging, der Sturm tobte ohne Unterlass. Lea fühlte sich wie eine Maus, gefangen in einer Küchenschublade. Vier Schritte nach links, zwei nach rechts, fünf nach vorn, drei nach hinten, mehr war nicht möglich.

Draußen müsste es jetzt stockdunkel sein, dachte Lea. Sie verspürte Durst und auch der Magen machte sich durch ein Grummeln bemerkbar. Seit Mittag hatte sie nichts zu sich genommen und jetzt zeigte ihre Uhr 19 Uhr 20. Vielleicht sollte sie sich einen Platz für die Nacht herrichten, sich hinlegen und bis zum nächsten Morgen durchschlafen. Das vermutlich einzige und beste Mittel gegen Hunger, Durst und Langeweile.

Hätte sie das Smartphone aufgeladen, könnte sie jetzt Sabine informieren, die würde Flessner anrufen, der würde ihren weißen Schal entdecken und ruckzuck wäre sie wieder in der Freiheit. Aber wie so oft im Leben läuft nicht alles reibungslos. Menschliches Versagen nennt man so etwas, oder nur Schusseligkeit. Lea ärgerte sich über ihr Verhalten. Warum hatte sie das Aufladen des Handys vergessen?

Sven hatte sie mit seinem Benehmen total irritiert und ihre Gefühle an diesem Abend ins Trudeln gebracht. Insofern war es nicht verwunderlich, dass sie das Aufladen vergessen hatte. Sobald diese Sache hier durchgestanden war, wollte sie mit Sven reden und Klarheit schaffen, dachte Lea.

Eines war ihr bewusst geworden, sie wollte keine neue Beziehung eingehen, das stand für sie fest. Was er wohl jetzt bei diesem miesen Wetter machen würde? Hoffentlich war er nicht auf der Insel unterwegs, um zu fotografieren.

Sven war ein leidenschaftlicher Fotoreporter, das wusste sie. Sicherlich war er vernünftig und blieb im Trockenen, dachte Lea. Bei diesem Wetter unterwegs zu sein, nur um einen guten Schnappschuss zu machen, das wäre absoluter Wahnsinn.

Kapitel 25

Lea erhob sich von ihrer ungemütlichen Sitzgelegenheit, suchte nach der Taschenlampe, die sie in einer der vielen Taschen ihrer Jacke gesteckt hatte, als sie plötzlich etwas hörte, was sie spontan nicht einordnen konnte. War es der heulende Sturm oder hörte sie eine Stimme? Sie drehte sich in alle Richtungen, horchte und glaubte, ihren Namen vernommen zu haben.

»Lea, du bekommst bereits Wahnvorstellungen«, flüsterte sie und ging zur Außentür. Es hörte sich an, als kämen die Laute von dort. Lea presste ihr Ohr an das kalte Metall. Was sie vernahm, waren Windgeräusche. Sehr laute Windgeräusche. Dröhnen, Heulen und ein heftiges Brausen drangen an ihr Ohr. Vermutlich fing sich der Wind an einem Dachüberstand oder ließ die Planen, die über die kleineren Boote gesurrte waren, flattern. Lea blieb an der Tür stehen. Immer wieder hörte sie ein Pfeifen und Klappern und dann etwas, was sich wie ein langgestrecktes »Lea« anhörte. Sie war sich nicht sicher, ob sie wirklich ihren Ohren trauen konnte. Hatte sie ihren Namen wirklich vernommen? Sie ging zurück zur Werkbank. Lauschte.

Hörte aber nichts. Lea überlegte kurz, nahm spontan die Brechstange von der Werkbank, lief zurück zum Eingang und schlug mit dem schweren Eisen gegen die Tür. Immer und immer wieder krachte das Werkzeug gegen das Metall, bis Lea plötzlich innehielt, nach Luft schnappte, ihr Ohr an die Tür legte und erneut horchte.

»Leeeaa!«

Ein Lächeln huschte über ihr Gesicht. Da rief jemand ihren Namen. Da draußen war jemand.

»Hier bin ich!«, schrie sie.

Dann pochte es an der Tür, ein Rascheln und dann die erlösende Stimme.

»Lea, bis du da drin?«

»Sven! Ja. Die Tür lässt sich nicht öffnen.«

»Irgendjemand hat die Tür verrammelt.«

»Kannst du sie öffnen? Ich muss hier raus«, rief Lea.

»Bist du alleine?«, fragte der unerwartete Besucher.

»Nicht so ganz«, erwiderte sie wahrheitsgemäß.

»Wer ist bei dir?«

»Kann ich nicht sagen.«

»Weshalb nicht?«

»Frag nicht. Mach die Tür auf«, rief Lea.

Ein metallisches Geräusch, ein Stöhnen, als würde sich jemand tierisch anstrengen, ein dumpfer Knall und dann ein bekanntes Gesicht.

Die Tür war offen. Regen, getrieben von heftigen Windböen, peitschte Lea ins Gesicht, als sie ihrem Retter um den Hals fiel.

»Schön, dass du da bist. Wie hast du mich gefunden?«

Triefend nass stand Sven in der Tür.

»Sabine machte sich Sorgen. Flessner und seine Leute sind unermüdlich im Einsatz. Es gab zahlreiche umgestürzte Bäume und in der Innenstadt herrscht derzeit Chaos. Überall fallen Ziegeln von den Dächern, Gerüste stürzen um und Gegenstände fliegen durch die Straßen. Die Polizei und die Feuerwehr haben alle Hände voll zu tun, deshalb informierte Sabine mich.«

»Danke, dass du mich gesucht hast.«

»Bedanke dich lieber bei Sabine. Sie hat mir die Straße genannt, wo ich dein Auto gefunden habe. Ohne ihre Hilfe hätte ich das nicht geschafft. Es war ganz schön schwierig, dich zu finden. Dein weißer Schal hat mich letztendlich hier her geführt.«

»Schön, dass du trotz des Orkans losgefahren bist und mich gesucht hast.«

»Logisch. Ich kann dich doch nicht bei diesem Wetter draußen alleine lassen. Was ist mit deinem Auto?«

»Festgefahren. Der Seitenstreifen an der Straße ist weich wie Butter.«

»Und dein Handy? Warum hast du dich nicht gemeldet?«, fragte Sven.

»Liegt im Auto. Akku ist leer.«

»Gut, dann komm mit. Ich bring dich zu deiner Wohnung.«

»Das geht nicht«, sagte Lea.

»Wie? Willst du hier übernachten?«, fragte Sven.

Lea richtete ihre Taschenlampe auf das Segeltuch am Boden. Sven erschrak.

»Ist es das, was ich vermute?«

»Ja. Dort liegt ein Toter.«

»Hast du ihn …?«

»Nein, Sven. Der lag schon hier. Er wurde erschossen. Erzähle ich dir später. Jetzt muss ich in die Bootshalle.«

»Spinnst du, Lea? Draußen tobt ein fürchterlicher Orkan, da drinnen ist wahrscheinlich ein Killer und du willst hier alleine ermitteln? Was willst du hier ohne Hilfe ausrichten? Lea, wir sollten fahren! Noch ist die Straße passierbar. Laut Wetterbericht wird der Orkan heute

Nacht noch an Stärke zunehmen. Wir beide sollten hier schleunigst verschwinden.«

»Nein«, sagte Lea, »ich muss das Kind finden.«

»Welches Kind?«

»Es ist acht Jahre alt und wurde entführt.«

»Wie willst du es finden? Draußen ist es stockdunkel, kalt, windig und es regnet wie aus Eimern.«

»Ich muss in die Bootshalle. Ich vermute, dass es dort festgehalten wird.«

»Das ist doch viel zu riskant, Lea!« Besorgt sah Sven zu, wie Lea ihre Kapuze zuschnürte.

»Die Zugänge im vorderen Bereich sind alle verschlossen. Ich muss es hinten versuchen. Warte hier, bis ich wieder da bin.«

»Ich komme mit.«

»Nein, Sven. Du würdest dich unnötig in Gefahr begeben.«

»Was redest du da, Lea. Ich habe dich gerade gerettet. Ich komme mit.«

»Gut. Mach deine Jacke zu, das wird ein ungemütlicher Spaziergang«, sagte Lea.

Sie folgte Sven nach draußen, der noch immer mit beiden Händen die Tür festhielt. Als er sie losließ und der Wind sie mit einem heftigen Knall zuschlug, zuckte Lea kurz zusammen.

Eine Unterhaltung war nur eingeschränkt möglich. Wind und Regen waren zu heftig. Wasser tropfte von ihren Nasen, als sie sich auf den Weg machten. Lea lief seitlich an der Halle entlang, in der Hoffnung, einen weiteren Eingang zu finden. Sven folgte ihr. Der Regen kam flach von der Seite, getrieben von einem starken Nord-Westwind. Sie hatten Mühe, sich auf den Beinen zu halten.

»Bleibe dicht hinter mir«, sagte sie zu Sven.

Es war ein langer, schmaler Weg, der hinter die Halle

führte. An manchen Stellen strauchelten sie über Dornenbüsche, die an der Hallenwand wucherten. Die Taschenlampe war ausgeschaltet. Lea wollte nicht auffallen.

Kaum hatten sie das Ende der Halle erreicht, empfing die beiden eine starke Orkanböe, die sie fast von den Füßen riss. Beide drückten sich mit aller Kraft an die Außenwand des Gebäudes, um das Gleichgewicht zu halten.

Hinter der Halle standen mehrere Bootstrailer, einige mit Booten, andere ohne. Die Boote, eingehüllt in dunkle Planen, wirkten gespenstisch. Immer wieder rüttelte der Wind an ihnen, als wollte er die mit Seilen festgezurrten Planen losreißen und auf eine Reise in den dunklen Wolkenhimmel schicken. Noch hielten die Seile den Angriffen des Orkans stand. Wie lange noch?

Lea zeigte mit ausgestreckter Hand auf eine Tür, die nur wenige Meter von ihnen entfernt war.

»Dort kommen wir rein, wenn sie offen ist.«

Sven nickte. Sie schoben sich Meter für Meter an der Wellblechwand entlang. Im hinteren Bereich gab es ähnlich wie vorne ein Rolltor und eine separate Tür. Der Regen peitschte den beiden ins Gesicht und machte eine Kommunikation nahezu unmöglich. Lea hoffte, dass diese Tür direkt in den hinteren Bereich der Halle führte.

Lea betätigte den Griff. Die Tür sprang auf. Sie hatte Mühe, sie festzuhalten. Der Wind drückte mit aller Kraft gegen das Türblatt. Erst als Sven ihr half, schafften sie es, einzutreten und die Tür wieder hinter sich zu verschließen. Falls jemand in der Halle war, musste er die Besucher bemerkt haben. Innen war es wesentlich angenehmer als draußen. Beide atmeten tief durch. Lea versuchte, ohne Taschenlampe ihren Weg zu finden.

Mittig, in der Halle, unterhalb der Deckenkonstruktion, im Abstand von jeweils zehn Metern, gab es mehrere

Lampen. Sie dienten als Nachtbeleuchtung. Ihre Lichtausbeute reichte gerade so aus, um sich in der Halle zu orientieren.

Die Halle stand bis auf den letzten Quadratmeter voll mit Booten aller Größen und Ausstattungen. Von der kleinen Jolle bis zur Yacht.

Zwischen der Eingangstür und dem Rumpf der ersten Yacht lagen weniger als zwei Meter. Dicht an dicht standen die Boote. Teilweise abgedeckt mit Kunststofffolien, Planen oder Segeltuch. Der Geruch von Farbe und Reinigungsbenzin stieg den beiden in die Nasen.

An der Wand lehnten Aluminiumleitern. Überall standen Farbeimer, lagen Taue und Elektrowerkzeuge auf dem Boden. Hier war vor Kurzem noch gearbeitet worden. In den Wintermonaten wurden hier, vorwiegend an Wochenenden, wenn die Schiffseigner vom Festland kamen, die Boote für die kommende Saison aufbereitet.

Lea schlich an den Booten entlang zu der Stelle, wo sie beim Betreten der Halle einen kleinen Lichtschein gesehen hatte. Eine Yacht, einer der Größten in dieser Reihe, trug den Namen *Juwel.* Wie passend, dachte Lea, als sie sich dem Boot näherte. Nach der Größe und den Aufbauten zu urteilen, könnte man mit diesem Schiff sicherlich ohne Probleme nach Helgoland, Sylt oder Teneriffa segeln.

Lea blieb stehen und lauschte. Ihr war, als hätte sie die Laute eines Kindes gehört. Sie musste sich konzentrieren, der Wind fegte ums Gebäude, Zweige knallten gegen die Fenster und immer wieder prasselten Regenschauer auf das Wellblechdach. Hier in der Halle spürte man wenig vom Orkan, aber hören konnte man ihn.

»Hast du deine Knarre dabei?«, flüsterte Sven.

»Ja. Pssst. Sei bitte leise.«

Lea zwängte sich zwischen den Booten durch, in die

Richtung, in der das kleine Licht noch immer zu erkennen war.

War es der Geruch von Farbe, der in der Luft lag, oder war es der feine Staub, der vom Schleifen der Bootsplanken überall verteilt lag und jetzt durch Zugluft aufgewirbelt wurde? Sven verzog das Gesicht. Bevor er die Hand zum Mund führen konnte, prustete er mit voller Intensität. Sein Niesen erinnerte an das Schnauben eines sibirischen Elchbullen.

»Entschuldigung.«

Lea schaute ihren Begleiter vorwurfsvoll an.

»Jetzt weiß ganz Norderney, dass wir hier sind.«

»Es kam so unerwartet. Ich konnte …«

»Ist schon gut. Versuch bitte, leise zu sein.«

Plötzlich war das Licht erloschen.

Lea lief dennoch weiter in die Richtung. Sven folgte ihr. Noch drei Meter, dann hatten sie den Rumpf der weißen Yacht erreicht.

»Halt! Was wollen Sie hier?«, hörten sie eine tiefe, rauchige Stimme aus dem Nichts. Sie klang furchteinflößend.

»Wir sind Feriengäste und suchen hier Schutz vor dem Sturm«, log Sven.

»Weshalb schleichen Sie zwischen den Booten herum? Wollen Sie etwas stehlen?«

»Nein, natürlich nicht. Wenn Sie uns nicht glauben«, sagte Lea, »dann rufen Sie doch die Polizei.«

»Die kommt nicht bei diesem Wetter. Hauen Sie ab. Suchen Sie sich einen anderen Platz. Hier können Sie nicht bleiben«, sagte der Fremde.

»Weshalb nicht? Wollen Sie uns bei diesem Orkan nach draußen schicken?«, fragte Sven.

Es folgte eine unheimliche Stille, die nur durch das

Prasseln des Regens auf dem Wellblechdach unterbrochen wurde.

»Könnten Sie bitte aus dem Dunkeln herauskommen, ich empfinde es als sehr unangenehm mit einer Person zu sprechen, die ich nicht sehen kann«, sagte Lea. »Macht es Ihnen etwas aus, wenn ich meine Taschenlampe einschalte?«

»Ich sagte, Sie sollen hier verschwinden. Draußen können Sie mit Ihrer Lampe herumfuchteln, hier nicht. Hauen Sie ab. Sofort!«

»Sind Sie der Eigentümer dieser Halle?«, fragte Sven. »Oder was gibt Ihnen das Recht, uns …«

Die Stimme wurde lauter und zunehmend aggressiver: »Ich habe nicht die Absicht, mit Ihnen zu diskutieren. Verschwinden Sie. Ich sage Ihnen das zum letzten Mal!«

»Wir werden gehen. Herr …? Wie war noch Ihr Name?«, fragte Lea.

»Das tut nichts zur Sache. Sehen Sie zu, dass Sie nach draußen kommen.«

»Wir werden gehen, aber erst, wenn der Orkan sich gelegt hat. Solange müssen Sie mit unserer Anwesenheit vorliebnehmen.«

»Verdammt!«, schrie die Stimme aus dem Dunklen. »In zwei Minuten haben Sie die Halle verlassen, sonst werde ich Sie nach draußen prügeln.«

Ein schleifendes metallisches Geräusch ertönte, als wenn eine Eisenstange über den harten Betonfußboden gezogen wurde. Besorgt schaute Sven Lea an. Doch diese blieb gelassen.

»Keine Angst«, flüsterte sie, »mit dem werde ich schon fertig.«

Die Schritte kamen näher. Lea starrte ins Dunkle, ihre Taschenlampe in der Hand. Jeden Moment müsste diese

Person aus dem Finstern auftauchen. Lea richtete die Taschenlampe dorthin, wo sie den Mann vermutete. Plötzlich kam ein Schatten auf sie zu, in der Hand eine meterlange Eisenstange. Sven machte einen Schritt zurück. Lea betätigte augenblicklich den Schalter ihrer Taschenlampe. Plötzlich stand der Mann im grellen, kalten Licht der LED-Leuchte. Geblendet hielt er die Hand vor seine Augen.

Kapitel 26

»Sie sind Krüger!«, sagte Lea laut und deutlich vernehmbar.

Der Mann mit der Eisenstange stoppte seinen Lauf.

»Woher kennen Sie meinen Namen? Wer sind Sie?«, fragte er sichtlich überrascht.

»Ich bin Hauptkommissarin Lea Landgraf. Ihr Gesicht kenne ich aus der Zeitung und von einem Fahndungsaufruf der Oldenburger Kripo. Sie haben sich seit Ihrer Verurteilung nur wenig verändert. Sie sind aus der JVA Oldenburg geflohen. Die Polizei sucht Sie mit einem Großaufgebot.«

»Weiß ich. Wollen Sie mich aufhalten?«

»Ich möchte wissen, wo das Mädchen ist.«

»Welches Mädchen?«

»Eine achtjährige Schülerin.«

»Kenne ich nicht. Ich weiß nichts von einem Mädchen.«

»Doch, Herr Krüger. Sie haben die Kleine auf dem Schulhof angesprochen und sie anschließend entführt. Es gibt eine Zeugin. Wo ist Rieke?«

»Ich habe Rieke nicht entführt. Sie ist freiwillig mit mir gegangen.«

»Warum sollte sie das tun?«

»Sie ist meine Tochter.«

Lea war für einen Moment sprachlos. Damit hatte sie nicht gerechnet.

»Rieke ist doch die Tochter von Klaus Tjaden.«

»Nein, Tjaden ist mit meiner Ex verheiratet und sorgt für die Kleine.«

»Sie türmen aus der JVA, kommen nach Ostfriesland, töten zwei Menschen und erzählen mir, dass Sie nur hier sind, um Ihre Tochter zu besuchen? Das glaube ich Ihnen nicht.«

»Wie kommen Sie darauf, dass ich zwei Menschen getötet habe?«

»Ein Opfer wurde auf der Fähre gefunden und nebenan, in der Werkstatt, liegt ein zweites Opfer. Sie sind doch bekannt dafür, dass Sie hin und wieder handgreiflich werden.«

»Ich habe noch niemals eine Waffe in die Hand genommen. Ich habe niemanden umgebracht. Ich bin nur wegen Rieke hier. Ich musste die Kleine noch einmal sehen, bevor ich …«

Krüger stockte. Dieser Hüne, ein Mann wie ein Baum, der alle Abgründe des Lebens kennengelernt hatte, stand zwei Meter von Lea entfernt und kämpfte mit den Tränen. Krüger schluckte mehrmals und fuhr fort:

»Ich bin krank. Mit etwas Glück werde ich den Sommer noch überstehen, dann ist Feierabend. Exodus. Ende.«

Krüger sagte das, als würde er über ein altes Auto reden, das einen Motorschaden hat und verschrottet werden muss.

»Das wusste ich nicht, Herr Krüger«, sagte Lea leise.

»Nur der Gefängnisarzt, mein Anwalt und meine Ex wussten davon, sonst niemand. Seit Anfang Dezember ist mir bekannt, wie es um mich steht. Beinahe hätte mich eine Grippe umgehauen, aber Rieke hält mich am Leben. Ich musste sie unbedingt noch einmal sehen, bevor ich …« Krüger versagte einen Moment die Stimme. Dann fuhr er fort: »Ich bin krank. Lungenkrebs. Bevor ich ins Gras beiße, wollte ich die Kleine noch einmal in meinen Armen halten. Können Sie das verstehen?«

»Ja, Herr Krüger, das kann ich verstehen. Nur was haben die beiden Toten damit zu tun?«

»Keine Ahnung. Ich habe niemanden getötet.«

»Ihre Exfrau macht sich Sorgen um ihre Tochter. Hat sie dazu einen Grund?«

Krüger schwieg kurz.

»Bis vor einer Stunde war ich hier nicht allein. Thormann war hier.«

»Wer ist Thormann?«, fragte Sven.

»Er hat meine Flucht organisiert.«

»Weshalb sind Sie überhaupt geflohen? Warum haben Sie keinen Antrag gestellt?«

»Mein Anwalt hat alles versucht. Zwecklos. Man unterstellte mir, ich hätte bei einem Überfall, eine junge Frau getötet. So einen gefährlichen Jungen lässt man nicht auf freien Fuß.«

»Thormann war Ihr Komplize?«, fragte Lea.

»Ja. Wir gehörten damals zum bekanntesten Einbrechertrio Ostfrieslands. Die Presse berichtete fast täglich über uns. Die Polizei hatte keine Chance, uns zu fassen. Thormann war zu clever. Niemand konnte ihm das Wasser reichen. Er arbeitete im Hintergrund. Er suchte anfangs die Juweliere, später die Geldautomaten aus, kümmerte sich um alles und sorgte dafür, dass wir innerhalb weniger

Minuten von der Bildfläche verschwinden konnten. Thormann war auf diesem Gebiet genial.«

»Und er hat Ihnen bei der Flucht aus der JVA geholfen?«

»Ja. Thormann kennt viele Leute. Auch einflussreiche. Er hat Kontakte nach ganz oben. Über meinen Anwalt hat er von meiner Krankheit erfahren. Er wusste, dass ich unbedingt meine Tochter sehen wollte. Kurz vor Weihnachten bekam ich eine Nachricht von ihm. Er hatte alles perfekt geplant und organisiert.«

»Und das hat er aus reiner Nächstenliebe getan?«

Krüger stockte. Dann ertönte eine feine Stimme, die von der großen Motoryacht zu seiner Linken kam. Rieke rief nach ihrem Papa.

»Ich komme sofort, mein Kleines. Ich bin gleich bei dir, dann mache ich dir einen heißen Kakao.«

Der geflohene Straftäter blieb äußerlich ruhig. Nichts an seinem Verhalten deutete auf einen Schwerverbrecher hin. Ohne eine Spur von Nervosität zu zeigen, redete er weiter.

»Thormann hat mich unter Druck gesetzt. Er organisierte die Flucht und dafür sollte ich ihm helfen.«

»Wobei sollten Sie Thormann helfen?«, fragte Lea.

Krüger drehte sich zur Seite, als wollte er den Schauplatz verlassen.

»Moment, Herr Krüger. Was wollte Thormann als Gegenleistung für seine Hilfe? Ging es um Geld? Reden Sie!« Lea wurde lauter.

»Ja. Ich sollte Thormann zeigen, wo sich die Beute aus unseren Raubzügen befindet«, antwortete Krüger zögerlich.

»Wer wusste von der Beute?«, fragte Lea.

»Nur Thormann, Wiebke und ich. Damals hatte ich den Großteil der Beute an Wiebke übergeben. Kaum dass die Beute in Sicherheit war, wurden wir gefasst. Wie es dazu kam, weiß ich bis heute nicht. Ich denke, wir wurden verpfiffen.«

»Und? Haben Sie Thormann zur Beute geführt?«

»Ja, aber das Versteck war bis auf einen größeren Geldbetrag leer. Die Beute war hier in der Bootshalle versteckt. Wiebke hatte es mir schon vor Jahren mitgeteilt. Thormann tobte, als er feststellte, dass der Großteil, insbesondere der Schmuck, fehlte. Er drehte fast durch.«

»Kann ich verstehen. Wo ist Thormann jetzt?«

»Er hat sich auf den Weg gemacht, um Wiebke zu suchen. Es war nicht möglich, ihn aufzuhalten. Ich habe Wiebke sofort angerufen und ihr mitgeteilt, dass Thormann unterwegs ist.«

»Wie hat sie reagiert?«

»Besorgt, angsterfüllt.«

»Hat sie die Beute?«, fragte Sven neugierig.

»Ich hoffe es. Wenn Thormann leer ausgeht, ist er zu allem fähig. Der Mann ist klug, aber auch kaltblütig. Ich kann Sie nur warnen. Gehen Sie ihm aus dem Weg.«

»Was ist mit den Toten? Das geht doch auf Ihr Konto.«

»Nein! Damit habe ich nichts zu tun. Ich war nie ein Mörder und ich werde es nie sein.«

»Sie sind aber wegen eines Tötungsdelikts verurteilt worden, Herr Krüger.«

»Das ist richtig. Es war ein Irrtum, den ich nicht ausräumen konnte.«

Nachdenklich schaute Krüger zu den Besuchern.

»Damals, während des Überfalls auf einen Juwelierladen in Wittmund, rannte eine junge Verkäuferin panisch aus dem Laden. Thormann sah sie, folgte ihr mit dem Auto und überfuhr sie, als sie die Straße betrat. Hätte die Kripo damals den Ablauf besser rekonstruiert, hätten sie bemerkt, dass weder ich noch mein Kollege den Unfall begangen haben könnten. Wir waren zur Zeit des Unglücks im Juwelierladen.«

»Und weshalb wurden Sie für den Tod der jungen Frau zur Rechenschaft gezogen?«

»Thormann hat uns den Wagen für die Flucht überlassen. Er entfernte sich zu Fuß vom Ort des Geschehens. Nach ein paar Kilometern wurden wir von einer Radarfalle geblitzt. Da ich am Steuer saß, war für die Kripo der Fall klar. Am Fahrzeug gab es deutliche Spuren von dem tödlichen Unfall. Immer wieder habe ich meine Unschuld beteuert, aber vor Gericht hatte ich keine Chance. Die Indizien waren vermeintlich eindeutig. Von Thormann gab es weder Spuren noch Fingerabdrücke im Wagen. Er schwieg die ganzen Jahre.«

»Sie saßen also für Thormann in Haft.«

»Ja und nein. Für die Überfälle hätte ich vermutlich vier Jahre bekommen. Bei guter Führung wäre ich jetzt draußen gewesen. Die tote Frau hat mir noch weitere vier Jahre eingebracht. Pech. Wie gesagt, ich konnte meine Unschuld nicht beweisen. Außerdem verpfeift man einen Kumpel nicht.«

»Nobel, Herr Krüger. Was ist mit dem Toten auf der *FRISIA III*?«

»Bis Sie hier auftauchten, wusste ich nichts von einer Leiche. Thormann hat mich auf die Fähre gebracht. Zwischen den Touristen fielen wir gar nicht auf. Die Fahrkarten werden ohnehin erst beim Verlassen des Schiffes kontrolliert.«

»Hatten Sie Fahrkarten?«

»Ja. Aus dem Internet.«

»Haben Sie den Mann getötet?«, fragte Lea.

»Ich war auf der Fähre, aber mit einem Mord habe ich

nichts zu tun. Das muss jemand anderes gewesen sein. Das können Sie mir nicht in die Schuhe schieben.«

»Wie sind Sie unerkannt von Bord gekommen?«, wollte Lea wissen.

»Ich stand oben an der Reling. Der Ausblick und die frische Seeluft waren herrlich. Norderney war bereits deutlich zu sehen, als Thormann zu mir kam und sagte, dass ich ihn zum Autodeck begleiten sollte. Er brachte mich zu einem weißen VW-Transporter. Ich sollte hinten einsteigen.«

»Haben Sie sich nicht gewundert? Man steigt doch nicht so einfach in ein fremdes Auto ein.«

»Natürlich war mir das alles suspekt. Ich wollte von Thormann wissen, wie er an das Auto gekommen war. Er sagte mir, der Handwerker hätte ihm das Fahrzeug für zwei Tage überlassen.«

»Und das haben Sie geglaubt?«, fragte Lea.

»Klar, ich bin davon ausgegangen, dass er ihm genug Geld dafür gegeben hat. Und weshalb sollte ich ihm nicht glauben? Schließlich hat er mich aus dem Knast geholt. Im Hafen von Norderney konnten wir ohne Probleme von Bord fahren. Ich habe Thormann zunächst zur Schule, um Rieke einzusammeln, und dann hierher gelotst.«

»Und der Mann in der Werkstatt?«

»Was für ein Mann? Als wir kamen, war niemand hier. Jedenfalls habe ich niemanden gesehen. Zusammen haben wir die Halle nach der Beute abgesucht, als wir nichts fanden, ist Thormann gegangen. Er wollte für uns einkaufen.«

»Was haben Sie gemacht?«, fragte Lea.

»Ich habe mich um die Kleine gekümmert«, sagte Krüger. »Thormann ist mit einem Geländewagen, der hier in der Halle stand, weggefahren.«

»Sie haben für die Tatzeit kein Alibi. Das bedeutet,

wenn wir die Tatwaffe nicht finden, wird es eng für Sie, Herr Krüger.«

»Wann soll das gewesen sein? Wann wurde der Typ umgebracht? Ich war die ganze Zeit hier bei meiner Tochter.«

»Wer kann das bezeugen?«

»Moment«, Krüger griff in seine Jackentasche und holte ein Handy hervor, »kurz nachdem Thormann gegangen ist, habe ich ein längeres Gespräch mit meiner Ex geführt. Ich kann also gar nicht der Mörder sein.«

»Das werde ich zu einem späteren Zeitpunkt überprüfen.«

»Sie müssen mir glauben! Ich habe den Mann nicht umgebracht.«

»Sobald die Rechtsmedizin den genauen Todeszeitpunkt festgestellt und die Spurensicherung ihre Arbeit beendet hat, sehen wir weiter. Solange stehen Sie unter Mordverdacht, Herr Krüger.«

»Ich war es nicht! Ich schwöre«, beteuerte Krüger.

»Hat Thormann eine Waffe?«

»Weiß ich nicht. Ich habe keine Waffe bei ihm gesehen«, antwortete Krüger.

»Sven, gib mir bitte dein Handy. Ich muss im Büro anrufen.«

»Was haben Sie vor?«, fragte Krüger.

»Ich muss meine Mitarbeiterin sprechen. Es wäre gut, wenn ich Unterstützung bekommen könnte.«

»Vergessen Sie es. Ich mache Ihnen keine Probleme und um Thormann zu fassen, benötigen Sie eine ganze Armee. Ich denke, die werden Sie hier auf der Insel nicht haben.«

Lea nahm das Smartphone von Sven und bewegte es mit ausgestrecktem Arm in alle Himmelsrichtungen, bis sie Empfang hatte. Sabine meldete sich sofort.

»Hallo, Sabine. Gut, dass ich dich noch erreiche.«

»Lea, wo steckst du? Schön, dass Sven dich gefunden hat.«

»Ja, Sven ist hier. Informiere bitte Flessner. Es ist sehr wichtig. Er soll sofort zu Wiebke Tjaden fahren. Teile ihm die Adresse mit. Ich fahre auch dort hin.«

»Lea, ich verstehe nur Bahnhof. Was soll Flessner bei Wiebke Tjaden?«

Lea versuchte, Sabine die Situation zu schildern, sprach von dem zweiten Toten und der Gefahr, die Wiebke Tjaden drohte, wenn Thormann bei ihr auftauchen würde.

»Ich kann es versuchen, Lea. Es wird schwierig sein, Flessner zu erreichen. Die Polizei ist im Dauereinsatz. In der Stadt herrscht Chaos. Zahlreiche Dächer wurden abgedeckt und mehrere Personen sind verletzt. Ich glaube nicht, dass Flessner dich unterstützen kann.«

»Versuch es bitte, Sabine. Wir müssen Thormann aufhalten, sonst gibt es noch mehr Tote.«

Lea beendete das Gespräch und gab Sven das Handy zurück.

»Vergessen Sie diese Aktion, Frau Hauptkommissarin, Thormann können Sie nicht mehr stoppen.«

»Ich muss es versuchen. Vorausgesetzt, Sie arbeiten mit mir zusammen.«

»Ich muss mich um Rieke kümmern.«

»Herr Krüger, Sie wissen, dass ich Sie festnehmen muss.«

»Ja, aber Sie sind eine Frau, was wollen Sie alleine ausrichten? Der junge Mann scheint nicht von der Kripo zu sein. Er wird Ihnen keine große Hilfe sein.«

Verdutzt schaute Sven zu Lea. »Meint er mich?«, fragte er pikiert.

»Sven ist Journalist. Mit Journalisten würde ich mich gut stellen, Herr Krüger. Und meine Fähigkeiten sollten

Sie auch nicht unterschätzen. Ich hätte kein Problem damit, Sie in Handschellen dem Haftrichter zu übergeben.«

»Was passiert, wenn ich Ihren Forderungen nicht nachkomme?«

»Kooperieren Sie, werde ich niemanden von der Kindesentführung berichten, ansonsten kann ich für nichts garantieren.«

»Das war keine Kindesentführung«, protestierte Krüger.

»Das sagen Sie. Ob und welche Straftat vorliegt, entscheide nicht ich, sondern andere. Wenn Sie sich einer Festnahme entziehen, werde ich sofort den zuständigen Staatsanwalt informieren und ihm die Sachlage aus meiner Sicht schildern. Für Sie und Ihre Tochter wird es sehr unschön werden. Beamte aus Aurich werden kommen und Sie in die Mangel nehmen. Rieke wird zum Festland gebracht und dort befragt. Und das mit Sicherheit nicht nur einmal. Vermutlich wird eine Psychologin hinzugezogen. Es wird lange dauern, bis sie wieder bei ihrer Mutter ist. Wollen Sie das Ihrem Kind wirklich antun?«, fragte Lea.

»Nein. Nein, auf keinen Fall. Ich werde alles machen, was Sie wünschen, aber lassen Sie die Kleine aus dem Spiel. Sie sollte nicht für die Dummheiten ihres Vaters büßen müssen.«

»Herr Krüger, Sie werden hierbleiben, bis ich wieder zurück bin. Ich werde Ihnen keine Handschellen anlegen. Passen Sie auf das Kind auf. Wenn alles vorbei ist, werde ich mich persönlich für Sie und Rieke einsetzen. Versprochen!«

»Ich habe das Weglaufen ohnehin satt. Kümmern Sie sich um Wiebke, bevor es zu spät ist.«

»Gut, ich vertraue Ihnen. Jetzt möchte ich das Mädchen sehen. Wo ist sie?«

»Auf der Yacht. Folgen Sie mir.«

»Keine Zeit. Holen Sie sie. Bitte schnell. Ich muss zu Wiebke Tjaden.«

Krüger hastete die Leiter hoch, verschwand auf dem Deck der Yacht und kam kurz darauf mit Rieke zurück.

»Das sind unsere Besucher, Kleines.«

Krüger zeigte lächelnd zu Lea und Sven. Rieke strahlte.

»Hallo Rieke! Wie geht es dir?«, fragte Lea.

»Gut. Ich habe eine eigene Koje hier auf dem Boot. Wenn Papa irgendwann wiederkommt, dann fahren wir übers Meer. Stimmt's, Papa?«, fragend schaute das Mädchen zu Krüger.

»Ja, mein Kleines, das machen wir.«

»Haben Sie ein Handy, Herr Krüger?«, fragte Lea.

»Ja.«

»Gut, dann rufen Sie sofort Thormann an. Reden Sie mit ihm.«

»Was soll ich ihm sagen?«

»Egal, Herr Krüger. Reden Sie mit ihm. Versuchen Sie ihn von seinem Vorhaben abzubringen. Wichtig ist, dass wir Zeit gewinnen. Ich muss Thormann fassen, bevor er Wiebke Tjaden etwas antut.«

»Das wird nicht gut gehen, Frau Kommissarin. Thormann ist gerissen und zu allem fähig. Er will das Geld und den Schmuck um jeden Preis.«

»Lea, du hast gehört, was Herr Krüger gesagt hat. Lass uns nach Hause fahren, das ist eine Nummer zu groß für dich. Das sollen die Beamten vom Festland regeln.«

Besorgt sah Sven zu Lea, die den Reißverschluss ihrer Jacke zuzog und auffordernd zurückschaute.

»Wir fahren jetzt zu Wiebke Tjaden. Ich brauche deine Hilfe, Sven.«

»Gut. Wenn es sein muss.«

»Es muss sein«, sagte Lea in einem ernsten Ton.

»Was passiert mit uns, wenn Ihre Mission scheitert?«, fragte Krüger.

»Sie wird nicht scheitern«, sagte Lea und begab sich in Richtung Ausgang. Sven folgte ihr widerwillig.

»Du fährst, Sven. Wie du weißt, habe ich zur Zeit kein Auto.«

»Das ist absoluter Irrsinn, was du vorhast, Lea.«

»Hast du eine bessere Idee? Wenn ich Wiebke Tjaden nicht helfe, ist sie in ein paar Stunden tot.«

»Wenn wir zu dieser Wiebke Tjaden fahren, dann bist du in ein paar Stunden tot.«

»Sven, du schaust zu viele amerikanische Serien. Wir sind auf Norderney und nicht in der Bronx. Hier wird nicht auf Kriminalbeamte geschossen.«

»Bist du dir da sicher?«

Lea antwortete nicht.

Kapitel 27

Draußen tobte der Orkan, heftiger denn je. Mit Mühe gelangten beide zum Auto. An eine schnelle Fahrt war nicht zu denken. Die Straßen lagen voller Äste, Zweige und Unrat.

Nach zwanzig Minuten erreichten sie die Gartenstraße.

Das Fahrzeug, das Krüger beschrieben hatte, stand nur wenige Meter von Wiebke Tjadens Haus entfernt. Lea kannte das Auto. Wo war Thormann?

»Bleib im Wagen.«

»Was hast du vor, Lea? Willst du diesen Killer alleine überwältigen?« Verständnislos schaute Sven sie an.

»Überwältigen ist nicht das richtige Wort. Ich will nur weitere Straftaten verhindern.«

»Spinnst du? Willst du dir irgendwelche Lorbeeren verdienen? Wem willst du etwas beweisen?«

»Sven, ich mache nur meinen Job.«

»Was willst du tun?«, fragte Sven.

»Mit Thormann reden.«

»Lass das andere machen.«

»Hier gibt es keine anderen, Sven. Frühestens morgen könnte ein Kollege vom Festland eintreffen.«

»Gut, dann warten wir bis morgen.«

»Dann kann es zu spät sein. Ich muss jetzt mit Thormann sprechen, bevor noch etwas Schlimmes passiert.«

»Das ist Wahnsinn, Lea.«

»Keine Sorge, ich pass auf. Falls Flessner auftauchen sollte, dann informiere ihn bitte.«

»Ja. Aber …«

»Sven, ich bin Kriminalbeamtin. Ich weiß, was zu tun ist. Lass mich meine Arbeit machen. Tue einfach das, was ich dir gesagt habe«, sagte Lea mit scharfer Stimme.

SIE LIEF ohne Hast zum Eingang, betätigte die Klingel und wartete. Nach kurzer Zeit öffnete sich zaghaft die Tür. Lea sah Wiebke Tjadens angsterfülltes Gesicht. Die zierliche Frau stand wie versteinert in der einen Spalt geöffneten Tür, ihre Augen rot, das Gesicht blass und das Make-up zerlaufen.

»Was, was möchten Sie?«, stotterte sie.

»Ist Thormann bei Ihnen?«, fragte Lea direkt.

Furchtsam schaute die Frau nach hinten, dann zu der jungen Kommissarin.

»Thormann? Wer soll das sein? Ich kenne keinen Thormann«, sagte Wiebke Tjaden zögerlich.

»Sie wissen, wen ich meine«, erwiderte Lea.

»Nein. Ich habe keine Ahnung. Der Name sagt mir nichts.«

»Nehmen Sie bitte die Kette von der Tür und lassen Sie mich eintreten. Wir haben keine Zeit für dieses Frage-Antwort-Spiel«, sagte Lea bestimmend.

Die Frau an der Tür wich zurück.

»Bitte gehen Sie«, sagte sie leise.

Lea wurde lauter: »Ich möchte mit Thormann sprechen. Lassen Sie mich rein oder holen Sie ihn an die Tür!«

»Er ist nicht hier.«

»Frau Tjaden, Thormanns Auto steht dort drüben. Ich weiß, dass er bei Ihnen ist. Holen Sie Thormann sofort an die Tür. Sagen Sie ihm, dass ich mit ihm sprechen möchte.«

Wiebke Tjaden drückte die Tür zu. Lea hörte, wie sich ihre Schritte entfernten. Stille. Dann plötzlich Stimmen. Laute Stimmen. Ein Mann fluchte, eine Frau schrie und dazwischen Geräusche, als würden Gegenstände zu Bruch gehen. Lea hätte gerne eingegriffen, aber ohne Unterstützung war das nicht möglich. Es blieb ihr nichts anderes übrig, als abzuwarten, wie sich die Dinge entwickeln würden.

Fast zehn Minuten musste Lea im Regen ausharren, bis die Kette entfernt wurde, die Eingangstür sich öffnete und Thormann vor ihr stand. Lea machte einen Schritt zurück, als ihr Blick auf eine Heckler & Koch SFP9 fiel. Thormann hielt sie mit beiden Händen. Die Mündung des Laufs war auf sie gerichtet, genauso wie die kalten Augen des Mannes. Lea versuchte, ruhig zu bleiben.

»Begrüßt man so Gäste?«, fragte sie.

»Ungebetene begrüße ich immer so.«

»Sie sind Thormann. Frank Thormann.«

»Und? Was wollen Sie?«, blaffte Thormann sie an.

»Wir kennen uns, Herr Thormann. Danke, dass Sie mich heute Nachmittag in Ihrem Wagen mitgenommen haben. Es wäre aber nicht nötig gewesen, dass Sie mich anschließend noch in der Werkstatt einsperren.«

»Keine Ursache. Habe ich gerne gemacht«, antwortete Thormann. »Sind Sie von der Polizei?«

Lea spürte, wie ihr Herz schneller schlug. Sie wusste, dass ihr Vorhaben riskant war.

»Nein«, sagte sie selbstsicher. »Meine Ausbildung habe ich beim LKA absolviert. Jetzt arbeite ich als Beraterin für die Inselgemeinde.«

Thormann, der fast einen Kopf kleiner als Lea war, trug einen schwarzen Wollmantel. Sein Blick suggerierte Überlegenheit. Er strotzte vor Selbstsicherheit. Das Lächeln, das Lea auf seinem schmalen Gesicht sah, wirkte aufgesetzt.

»Wollen Sie mich auf den Arm nehmen?«

»Nein. Ich bin in beratender Funktion auf der Insel. Mein Anliegen ist es, zu informieren und Vertrauen zu schaffen.«

»Dann sind Sie hier an der falschen Adresse. Hauen Sie ab.«

»Nein, Herr Thormann. Ich möchte Ihnen helfen.«

»Helfen? Sie spinnen!« Thormanns Lachen wirkte hochmütig und arrogant.

»Geben Sie auf, Herr Thormann. Sie haben keine Chance, Ihr Vorhaben zu Ende zu bringen.«

»Wovon reden Sie?«

»Geiselnahme, Erpressung und Mord. Der Schmuck und das Bargeld aus den Überfällen sind nicht mehr von Bedeutung. Egal, ob Frau Tjaden kooperiert oder nicht. Hier endet Ihre Reise.«

»Sind Sie noch ganz bei Trost? Wie reden Sie mit mir? Wollen Sie mich etwa aufhalten?«

»Wer Sie aufhält, entscheiden letztendlich Sie.«

»Ich hatte Ihren Namen nicht verstanden.«

»Mein Name ist Landgraf. Lea Landgraf. Ich bin Hauptkommissarin und möchte Sie bitten, mich zur Polizeistation Norderney zu begleiten.«

»Sind Sie bescheuert? Was soll dieses Gerede. Hauen Sie ab!«

»Wie wäre es, wenn wir das Gespräch im Haus weiterführen? Ich stehe hier seit einer Ewigkeit im Regen, so langsam wird mir kalt.«

»Sind Sie alleine?«, fragte Thormann.

»Ja. Bis auf einen Freund. Fotograf. Er sitzt dort drüben im Auto. Falls mir etwas passieren sollte, holt er sofort Verstärkung.«

Thormann überlegte kurz.

»Kommen Sie rein. Eine Geisel mehr kann nicht schaden.«

Er grinste und zeigte Lea mit vorgehaltener Waffe den Weg ins Haus. Lea schritt voran, Thormann folgte ihr im Abstand einer Armlänge. Die Waffe blieb auf die junge Kommissarin gerichtet.

Er trieb sie ins Wohnzimmer, wo sich auch Wiebke Tjaden und ihr Mann aufhielten. Wiebke Tjaden saß auf einem Stuhl. Hände und Beine waren mit Kabelbinder fixiert. Sie weinte. Ihr Mann lag auf dem Boden, ebenfalls an einem Stuhl gefesselt. So wie es aussah, hatte Thormann den Gefesselten samt Möbelstück umgestoßen. Klaus Tjaden schaute zu Lea. In seinen Augen lag pure Angst.

Lea blieb in der Nähe der Tür stehen. Thormann setzte sich auf einen Hocker, mit der Waffe in der Hand schaute er fragend zu seiner neuen Geisel.

Lea spürte, wie ihre Hände feucht wurden. Thormann durfte ihre beginnende Nervosität nicht merken. Sie versuchte, gelassen zu bleiben.

»Frau Tjaden, wo ist Ihre jüngste Tochter?«, fragte Lea besorgt.

»Das geht Sie nichts an!«, schrie Thormann.

»Fenna ist bei meiner Schwiegermutter«, sagte Wiebke Tjaden vorsichtig.

Wütend taxierte Thormann Lea.

»Was wollen Sie, Frau Kommissarin? Reden Sie!«

»Ich möchte, dass Sie Wiebke Tjaden und ihren Mann in Ruhe lassen und mich zur Polizeistation Norderney begleiten.«

Thormann lachte hämisch. Plötzlich stand er von seinem Platz auf, ging auf sie zu, richtete die Waffe auf ihre Stirn und sagte mit leiser, kaum vernehmbarer Stimme: »Verschwinden Sie von hier, Frau Hauptkommissarin. Sofort! Das ist ein gutgemeinter Rat, den Sie beherzigen sollten. Sie sind jung und haben noch ein ganzes Leben vor sich. Setzen Sie es nicht leichtsinnig aufs Spiel. Dort ist die Tür. Sollten Sie in zwei Minuten nicht draußen sein, werde ich Sie erschießen. Einfach so. Bamm! Verstanden?«

War das Thormanns Art, Menschen einzuschüchtern? Lea blieb gelassen. Sie schaute ihrem Gegenüber in die Augen und sagte ohne äußerliche Regung: »Ich werde nicht gehen, Herr Thormann. Ich möchte, dass Sie mir jetzt zuhören. Ich möchte Ihnen einen Ausweg aus Ihrer Misere aufzeigen. Ich bin Ihre letzte Chance.«

Verdutzt schaute Thormann sie an. Für einen Moment schien er verunsichert zu sein. Seine Gesichtsmuskulatur zeigte merkwürdige Zuckungen. Eine gefährliche Situation für Lea und den anderen Geiseln. Lea blieb dennoch unbeeindruckt stehen.

Plötzlich nahm Thormann die Waffe herunter, knöpfte seinen Mantel auf, steckte die Pistole in die Innentasche, ging ein paar Schritte zurück und schaute sie aus der Distanz an.

»Ich höre Ihnen zu, junge Frau. Was wollen Sie? Was haben Sie mir zu bieten?«, sagte Thormann in einem überheblichen Ton.

»Das sagte ich bereits. Ich möchte, dass Sie mich begleiten«, sprach Lea laut und vernehmlich.

»Ihr Palaver nervt. Immer die gleichen Phrasen. Überlegen Sie sich etwas Besseres und dann kommen Sie morgen wieder«, entgegnete Thormann gereizt.

»Morgen ist es zu spät, Herr Thormann.«

Lea ging einen Schritt auf ihn zu.

»Ich weiß, dass Sie an zwei Tötungsdelikten beteiligt waren. Sie sollten ein Geständnis ablegen, das wäre besser für Sie.«

»Weshalb? Ich bin doch nicht blöd. Warum soll ich etwas gestehen, was ich nicht getan habe!«, schrie Thormann aufgebracht. »Wie kommen Sie zu der Behauptung, dass ich zwei Menschen umgebracht habe?«

»Wir haben einen toten Handwerker auf der Fähre gefunden und vor einigen Stunden fand ich einen erschossenen Wachmann in der Werkstatt einer Bootshalle. Sie waren an beiden Tatorten, dafür gibt es Zeugen.«

»Korrekt. Ich war da. Sowohl auf der Fähre, als auch in der Bootshalle. Das heißt aber noch lange nicht, dass ich dort vorsätzlich zwei Menschen umgebracht habe.«

»Ich kann das beweisen«, bluffte Lea.

»Ja, ja!« Thormanns Gesichtsmuskulatur zuckte merkwürdig. »Dort, in der Bootshalle, das war Notwehr«, sagte er schnell, »der Wachmann hat mich überrascht. Er hatte einen Schlagstock in der Hand. Es war ein Reflex. Ich wollte den Mann nicht töten.«

»Und der Handwerker? Haben Sie ihn nur wegen der Autoschlüssel erdrosselt?«

»Nein! Der Mann lebte noch, als ich ihn verlassen habe. Ich habe ihn nur niedergeschlagen und mir die Schlüssel geschnappt. Der Mann war nicht tot. Von so einem harmlosen Schlag stirbt man nicht.«

»Wer hat den Handwerker getötet?«

»Ich weiß es nicht.«

»Gut, ich versuche Ihnen zu glauben. Ich denke, nach Auswertung der Spuren werden wir mehr wissen. Das wird aber aufgrund der derzeitigen Umstände noch ein wenig dauern. Sie sollten also besser kooperieren. Das hätte entscheidende Vorteile für Sie.«

»Damit ich am Ende für zwei Morde verantwortlich gemacht werde, die ich nicht begangen habe?«

»Das wird die Staatsanwaltschaft klären. Ihr Plan war es von Anfang an, sich die Beute aus den Überfällen zu schnappen und für immer unterzutauchen.«

»Und?«

»Diesen Plan können Sie vergessen. Bei der aktuellen Wetterlage haben Sie keine Möglichkeit, die Insel zu verlassen. Weder zu Fuß, schwimmend, mit einem Schiff, noch mit einem Flugzeug. Sie haben keine Chance, von hier wegzukommen. Sie müssen warten, bis sich das Wetter beruhigt hat. Und das wird nicht vor morgen früh sein«, sagte Lea gelassen.

»Dann warte ich bis morgen früh. Ich habe hier ein Dach über dem Kopf, nette Gesellschaft und der Kühlschrank ist voll.«

»Sie haben eines nicht bedacht, Herr Thormann. Sobald der Sturm sich legt, wird sich Ihre Situation dramatisch verändern. Die Insel wird von Einsatzkräften, zu Wasser, in der Luft und zu Land, abgeriegelt. Eine Hundertschaft von Polizisten wartet nur darauf, die Insel betreten zu können. Neben einem Spezialeinsatzkommando, dem SEK, ist auch ein mobiles Einsatzkommando sowie eine technische Einsatzgruppe unterwegs. Die Kripo Aurich kommt mit mindestens zwanzig Beamten sowie einer Hundestaffel. Weiterhin sind mehr als zwanzig Boote und Schiffe ab morgen früh im Einsatz. Sämtliche Häfen an der Küste, von Husum bis Rotterdam, werden kontrolliert werden. Polizeihubschrauber mit Wärmebildkameras überwachen Tag und Nacht die Region aus der Luft. Zusätzlich ist Europol informiert und in Oldenburg steht eine Hundertschaft der Bereitschaftspolizei bereit.«

Lea zählte alles auf, was ihr spontan einfiel, um Thormann zu beeindrucken.

»Vermutlich haben Sie bei Ihrer Ankunft das Polizeiaufgebot in Norddeich gesehen. Das war nur der Anfang. Man weiß, dass Sie auf Norderney sind. Man wird alles Menschenmögliche unternehmen, um Sie und Krüger zu fassen. Sie werden der Polizei nicht entkommen. Die Staatsanwaltschaft hat alles in die Wege geleitet. Ihre Chance, von der Insel zu entkommen, liegt bei null«, sagte Lea.

»Sie bluffen, Frau Hauptkommissarin.«

»Sie können heute Abend mit mir gehen oder sich morgen von einem riesigen Polizeiaufgebot jagen lassen. Mit jeder Stunde, die vergeht, verschlechtert sich Ihre Situation.«

»Ich habe genügend Geiseln. Mir kann nichts passieren«, sagte Thormann angespannt.

»Sind Sie wirklich so naiv, das zu glauben, Herr Thormann? Selbst wenn Sie mich und andere Personen als Geisel nehmen würden, hätten Sie keine Chance, diese Insel zu verlassen.«

»Warum soll ich einer kleinen Polizistin glauben?«

»Weil Sie intelligent sind, Herr Thormann. Hier auf Norderney habe ich das Sagen, aber nur so lange, bis die Meute vom Festland kommt. Sie können jetzt mit mir kooperieren oder morgen ins offene Messer laufen.«

Thormann betrachtete Lea aus schmalen Augen.

»Wenn ich mit Ihnen kooperiere, dann habe ich gewisse Forderungen.«

»Sie sind nicht in der Position, Forderungen zu stellen, Herr Thormann«, sagte Lea in einem nüchternen Tonfall.

»Wissen Sie überhaupt, mit wem Sie es zu tun haben?

Ich habe Beziehungen nach ganz oben. Ein Anruf und …«

»Lassen Sie Ihre Drohungen, Thormann. Wir sind hier nicht auf dem Kiez.«

»Was wollen Sie?«, brüllte Thormann.

»Ich möchte das hier auf meine Weise beenden. Sollten Sie damit einverstanden sein, werde ich Sie zur Polizeistation Norderney begleiten und der Staatsanwaltschaft mitteilen, dass Sie sich freiwillig gestellt haben, was sich für Sie vorteilhaft auswirken wird. Sollten Sie jedoch vorziehen, nicht mit mir zu kooperieren, wird die Meute morgen kommen, Sie jagen, Sie stellen und Sie festnehmen. Sie werden staunen, wie schnell das geht. Mit einhundertprozentiger Sicherheit werden Sie danach für eine sehr lange Zeit aus dem Verkehr gezogen werden.«

Thormann überlegte. »Was schlagen Sie vor, Frau Hauptkommissarin?«

»Sie verhalten sich wie ein zivilisierter Mensch, geben mir die Waffe, lassen diese Menschen frei und begleiten mich zur Polizeidienststelle.«

»Was für eine Garantie geben Sie mir?«

»Keine. Ich gebe Ihnen nur mein Wort.«

Thormann schaute sie verdutzt an.

»Ich bringe Sie zum Polizeirevier, dort bleiben Sie, bis der Sturm sich gelegt hat. Sobald der Fährverkehr seinen Betrieb wieder aufnimmt, werden Sie, zusammen mit Krüger, zum Festland gebracht. Dort übergebe ich Sie dem Staatsanwalt. Alles passiert unspektakulär, ohne Presse und ohne großes Polizeiaufgebot. Wie es dann weitergeht, hängt von Ihnen ab.«

»Sie haben Krüger gefasst?«, fragte Thormann erstaunt.

»Ich habe mit Herrn Krüger gesprochen. Er hat mein Angebot angenommen.«

Thormanns Gehirn schien auf Hochtouren zu laufen, während Lea weiter redete.

»Kooperieren Sie, Herr Thormann, wird Ihnen das positiv angerechnet. Mit etwas Glück können Sie Ihr Rentendasein in Freiheit verbringen. Bessere Aussichten kann ich Ihnen leider nicht bieten, aber das wussten Sie ja sicherlich bereits im Vorfeld. Für Ihre Straftaten müssen Sie sich verantworten, da führt kein Weg dran vorbei. Suchen Sie sich einen guten Anwalt. Vielleicht kommt es nicht zur Mordanklage. Denken Sie darüber nach. Viel Zeit bleibt Ihnen nicht.«

»Das war eine schöne Rede, Frau Hauptkommissarin. Wissen Sie, was ich denke? Sie reden nur Mist. Ich werde Sie einfach kaltstellen, mir meine Kohle schnappen und für immer von hier verschwinden. Was sagen Sie dazu?«

Lea blieb gefasst.

»Eine interessante Idee, Herr Thormann, aber nicht zu Ende gedacht. Sie sind doch ein kluger Kopf und so wie ich Sie einschätze, wissen Sie, dass Sie keine Möglichkeit haben, mit der Beute zu entkommen. Ohne den Sturm wäre Ihr Plan vielleicht aufgegangen, aber die momentane Wetterlage hat alles zu Nichte gemacht.«

Thormann schwieg. Man sah ihn an, wie er grübelte. Er war nicht der Typ, der schnell aufgab.

»Ich gehe nicht mit Ihnen. Morgen früh flieg ich mit einer Cessna von Juist, in die Niederlande und von dort Richtung Süden. Bis Ihre Kollegen das geschnallt haben, bin ich schon längst in Spanien.« Thormann lachte hämisch.

»Machen Sie das. Ich kann Ihnen versichern, egal wohin Sie fliegen, egal wo Sie mit der Maschine runtergehen, die Einsatzkommandos werden vor Ihnen dort sein. Der Luftraum wird permanent überwacht. Es ist unmöglich, von hier zu verschwinden, ohne dass es die Einsatzkräfte merken.«

»Es muss doch einen Weg geben, diese verdammte Insel zu verlassen!«, schrie Thormann.

»Schwimmen«, sagte Riekes Mutter angstvoll, »oder durchs Watt laufen.«

Fragend schaute Thormann in die Runde, als erhoffte er sich Zustimmung für dieses Vorhaben.

»Das könnten Sie eventuell im Sommer in Erwägung ziehen, wenn die Bedingungen für eine ausgiebige Wattwanderung stimmen. Zur Zeit unmöglich. Schauen Sie nur einmal nach draußen. Da traut sich nicht einmal ein Seehund ins Wasser.«

»Verdammt, verdammt!«, schrie Thormann.

»Kommen Sie mit mir.«

Lea machte einige Schritte Richtung Tür, schaute zu Riekes Mutter und zog den Reißverschluss ihrer Jacke bis zum Kragen zu.

»Herr Thormann, lassen Sie Frau Tjaden und ihren Mann gehen und begleiten Sie mich zur Polizeistation Norderney.«

»Jetzt, wo ich weiß, wo die Millionen sind, soll ich aufgeben? Nie!«

»Herr Thormann, ich werde jetzt nach draußen gehen und dort warten. Sie haben fünfzehn Minuten Zeit, um sich die Sache zu überlegen. Sollten Sie bis dahin nicht draußen sein, informiere ich die Kollegen vom Festland«, sagte Lea unaufgeregt.

Den heftigen Sturm hatte sie für einen Moment ausgeblendet, daher erschrak sie, als sie aus der Tür trat und eine Windböe sie an die Hauswand drückte. Mit Mühe gelangte sie zum Auto, wo Sven wartete.

Er ließ die Seitenscheibe hinunterfahren.

»Was ist los? Was hast du da drinnen so lange gemacht?«

»Geredet.« Lea konnte sich kaum auf den Beinen halten.

»Steig ein«, sagte Sven.

»Das geht nicht.« Lea schaute zur Uhr. »Noch acht Minuten. Dann ist hoffentlich alles vorbei.«

Es regnete nach wie vor. Lea war kalt, gerne wäre sie in den warmen Wagen gestiegen und mit Sven nach Hause gefahren, aber das war zu diesem Zeitpunkt nicht möglich. Sie hatte hoch gepokert. Sie wollte nicht verlieren. Würde Thormann auf ihre Forderungen eingehen?

Lea stellte sich unweit des Hauses hinter einen Mauervorsprung, wo sie ein wenig Schutz vor dem kalten Wind fand. Im Licht der Straßenlaterne sah sie, wie der Regen in heftigen Böen über die Straße fegte.

Kaum, dass Sie fünf Minuten dort draußen stand, sah sie, wie Flessner im Streifenwagen vorfuhr. Sie gab ihm mit Handzeichen zu verstehen, dass er sich abseits bereithalten sollte.

Lea schaute zu den hell erleuchteten Fenstern. Was passierte dort im Wohnzimmer? Sie wusste, dass Wiebke Tjaden und ihr Mann in höchster Lebensgefahr waren, aber ein Eingreifen würde die Sache nur noch verschlimmern. Sie hatte jetzt alle Trümpfe ausgespielt. Jetzt musste sie abwarten, wie Thormann reagieren würde.

Kapitel 28

Nach zwölf Minuten war es endlich soweit, Thormann kam nach draußen, in seinem Arm Wiebke Tjaden. Lea ging ihm ein Stück entgegen und blieb verwundert stehen. Mit dieser Situation hatte sie nicht gerechnet.

Thormann schaute um sich. Nachdem er keine weiteren Polizisten entdecken konnte, nahm er die wimmernde Frau in den Schwitzkasten und lief langsam, immer den Blick nach links und rechts schweifend, auf Lea zu.

»Ich weiß jetzt, wo die komplette Beute ist. Ich werde mir meinen Anteil holen.«

Enttäuscht von dieser Aussage drehte Lea sich um und lief zurück zum Wagen.

Als sie Svens erschrockenes Gesicht sah, wirbelte sie herum und blickte in Thormanns Pistole. Gleichzeitig sprang Flessner aus dem Wagen, griff nach seiner Dienstwaffe und richtete sie aus der Ferne auf Thormann.

»Bleiben Sie stehen, Frau Hauptkommissarin.«

Lea gehorchte.

»Ich gehe mit Ihnen. Ich hoffe, Sie halten sich an Ihr Versprechen.«

Mit diesen Worten übergab Thormann die Waffe an Lea und ließ seine Geisel frei.

Lea nahm die Waffe entgegen und steckte sie in ihre Jackentasche.

Wiebke Tjaden blieb wie versteinert stehen. Ihr Haar war nass. Strähnen hingen ihr im Gesicht. Regen ran über ihr blasses Gesicht.

Lea winkte Flessner herbei, der mit schnellen Schritten kam.

»Stecken Sie die Dienstwaffe weg, Flessner. Es ist alles okay«, rief Lea ihm entgegen.

»Sind Sie sicher? Das sah gerade aber ganz anders aus«, murmelte Flessner.

»Es ist wirklich alles okay«, wiederholte Lea erleichtert. »Danke, dass Sie gekommen sind, Flessner. Nehmen Sie bitte Herrn Thormann mit. Ich komme später nach.«

»Man darf Sie auch keine Minute aus den Augen lassen. Ihre Alleingänge können einmal böse enden. Nächstes Mal warten Sie, bis ich komme.«

»Mach ich.« Lea schaute verschmitzt zu dem Polizeihauptmeister.

»Was ist mit diesem Krüger, von dem Sie sprachen?«

»Den hole ich, wenn der Sturm sich gelegt hat. Der ist gut untergebracht.«

»Und der Tatverdächtige aus Hannover? Kann ich ihn laufen lassen? Der Junge nervt uns den ganzen Tag«, rief Flessner, während er mit Thormann zum Dienstwagen ging.

»Leider nicht. Noch steht er unter Tatverdacht. Sobald die Fähren wieder fahren, sorge ich dafür, dass er schnellstmöglich von der Insel verschwindet. Ich rede mit der Staatsanwaltschaft.«

Wiebke Tjaden schwankte, stützte sich gegen die Hausmauer und bevor Lea zu ihr kam, sackte sie zusammen und blieb zusammengekauert auf der Türschwelle sitzen. Lea setzte sich zu ihr und legte ihren Arm um die völlig durchnässte Frau. Heftig begann sie zu weinen, fast hysterisch.

»Beruhigen Sie sich, Frau Tjaden. Alles wird gut. Vertrauen Sie mir.«

»Was ist mit Rieke? Wo ist sie?«, schluchzte Wiebke Tjaden.

»Rieke geht es gut. Krüger ist bei ihr. Er ist sehr lieb zu ihr. Machen Sie sich keine Sorgen«, sagte Lea.

»Wann kommt sie nach Hause?«

»Bald. Sehr bald. Gehen Sie rein. Ihr Mann braucht sie. Ich werde Rieke holen. Sie wird bald wieder bei Ihnen sein.«

Lea erhob sich und lief zum Wagen, wo Sven wartete.

MITTLERWEILE WAR es kurz vor dreiundzwanzig Uhr. Flessners Leute kümmerten sich um Thormann, der zur Verwunderung des Polizeihauptmeisters keinerlei Widerstand leistete.

»Wir fahren jetzt zum Büro und anschließend nach Hause«, sagte Lea.

»Gut, Frau Landgraf. Fahren Sie vorsichtig. Ich denke, das Schlimmste haben wir überstanden. Der Wind lässt langsam etwas nach. Ich hoffe, dass wir jetzt alle ins Bett gehen können«, erwiderte Flessner.

»Sobald ich mit dem Staatsanwalt gesprochen habe und die Fähren wieder verkehren, melde ich mich. Bis dahin wünsche ich Ihnen eine geruhsame Nacht. Tschüss, Herr Flessner. Bis morgen!«, rief Lea.

Zusammen mit Sven fuhr sie zum Büro. Sabine saß

noch immer am Schreibtisch. Sie sprang sofort auf, lief zu Lea, umarmte sie und hielt sie minutenlang fest.

»Biene, ich bekomme kaum noch Luft. Was ist los?«

»Mensch, Lea, ich habe mir echt Sorgen um dich gemacht. Gut, dass Sven dich gefunden hat. Warum bist du bei solch einem Unwetter unterwegs? Ich hatte dich gewarnt und dann legst du dich auch noch mit Schwerverbrechern an. Bist du scharf auf eine Tapferkeitsmedaille?«

»Biene, beruhige dich. Mir geht es gut. Es war nur ein bisschen Wind da draußen und mein Auto ist im Dreck stecken geblieben. Das war alles.«

»Bisschen Wind, Lea? Das ist der heftigste Orkan, den wir seit Jahren haben. Du machst eine Inselrundfahrt, jagst Verbrecher und bist nicht zu erreichen. Ich habe mir tierische Sorgen gemacht.«

»Das finde ich lieb von dir, aber du siehst, ich kann ganz gut auf mich aufpassen.«

»Entschuldige, Lea, aber wenn ich dich nicht aus dieser Werkstatt befreit hätte, würdest du da noch immer ohne Essen und Trinken sitzen.«

»Das war Pech, dass die Tür sich nicht öffnen ließ. Vergessen wir diese Angelegenheit. Ich habe jetzt mächtig Hunger. Wo bekommen wir noch etwas zu futtern?«

»Lea, es ist gleich Mitternacht. Draußen stürmt es, da ist jedes Lokal auf der Insel dicht«, sagte Sabine.

»Moment, da kann ich was machen.«

Sven strahlte bei diesen Worten, da er endlich etwas zu der Situation beitragen konnte. Er zog sein Handy aus der Tasche und lief in den Flur, um zu telefonieren. Mit einem breiten Grinsen kam er nach wenigen Minuten zurück.

»Meine Damen, darf ich Sie zum Essen einladen?«

»Wie? Was? Wo gibt es jetzt noch etwas zu essen?«

»Natürlich bei meinem Lieblingsitaliener. Um diese

Zeit hat er nur noch eine kleine Speisekarte, aber er will uns dennoch etwas zaubern.«

»Sven, du bist genial.«

»Danke, Sabine, aber das war mir bereits bekannt.«

»Wir gehen zu Fuß. Der Regen hat nachgelassen und mit dem Auto kommen wir ohnehin nicht weit. Flessner sagte, dass die ganze Stadt voller Dachziegeln liegt«, erläuterte Sven.

Dick eingepackt und warm eingemummelt verließen die drei das Büro und liefen in Richtung Fußgängerzone.

Tatsächlich hatte der Wind nachgelassen. Sogar der Regen war weniger geworden. Flessner hatte nicht übertrieben. Die Fußgängerzone sah aus wie ein Schlachtfeld. Überall lagen Dachziegel, Werbeschilder, Teile von Baugerüsten und allerlei Unrat. Hier gab es in den nächsten Tagen viel zum Aufräumen.

Es war schon ungewöhnlich, ganz alleine in einem sonst gut besuchten Restaurant zu sitzen. Sie waren zu dieser späten Stunde die einzigen Gäste und wurden vom Chef persönlich bedient. Nach dem reichhaltigen Essen überkam dann doch alle die Müdigkeit. Lea war froh, als sie endlich, kurz nach zwei Uhr, in ihrem Bett lag.

Kapitel 29

Ihr Wecker machte sich um 7 Uhr mit einem nervenden Summen bemerkbar. Lea musste raus. Gerne hätte sie sich noch einmal umgedreht, aber es wurde Zeit, sich um Krüger und seine Tochter zu kümmern. Lea horchte. Der Wind war kaum noch zu hören.

Lea duschte sich, zog sich an, brühte sich einen grünen Tee auf und aß Haferflocken mit Sojamilch. Es war 7.50 Uhr, als Sven sie abholte.

»Danke, dass du so früh gekommen bist.«

Lea gab ihrem Chauffeur einen Kuss auf die Wange. Sven wollte die Liebkosung erwidern, doch Lea drängte ihn zum Aufbruch. »Wir müssen los, sonst überlegt Krüger es sich noch und haut mit dem Mädchen ab.«

»Gut, dass der Sturm vorbei ist. Ich habe vorhin mit der Feuerwehr gesprochen. Die meisten umgestürzten Bäume wurden bereits von den Straßen geräumt. Sie wollen heute Nachmittag deinen Wagen bergen. Du sollst den Zündschlüssel stecken lassen. Der Wagen wird später hier zum Büro gebracht.«

Lea musste bei dem Gedanken an ihren kleinen Smart, der mit Schlagseite im Dreck feststeckte, lachen.

»Soweit ich mich erinnern kann, habe ich den Schlüssel stecken lassen. Fahren war ohnehin nicht möglich, insofern konnte auch niemand das Fahrzeug stehlen. Nur mein Handy … hoffentlich ist es noch da.«

»Das wird schon keiner stibitzen.« Sven gähnte. »Ich bin noch müde. Früh Aufstehen war noch nie mein Ding«, seufzte er.

»Danke, Sven. Dafür, dass du mich gestern gesucht hast, und danke, dass du dich um meinen Dienstwagen gekümmert hast.«

»Jetzt habe ich etwas gut bei dir«, sagte Sven mit einem Lächeln.

IN DER BOOTSHALLE war es ruhig. Kein Klappern, kein Pfeifen, nur ein leises Tröpfeln. Der Orkan hatte sich verzogen. Der Regen prasselte nicht mehr auf das Wellblechdach und auch das Heulen des Windes war vorbei. Durch die Lichtkuppel fielen Sonnenstrahlen, die die vielen Boote in ein weiches, warmes Licht tauchten. Im Gegensatz zum Vortag wirkte die Halle freundlich, fast einladend.

Krüger lag neben seiner Tochter, als Lea die Kajüte mit einem freundlichen »Moin« betrat. Er hielt die Hand des Kindes und genoss die Nähe zu seiner Tochter. Sicherlich ein Moment, dem Krüger in all den Jahren seiner Haft entgegengesehnt hatte.

Die Staatsanwaltschaft hatte ihn als gewissenlosen und skrupellosen Straftäter geschildert. Doch jetzt zeigte er sich als liebevoller Vater, der bei seinem Kind sein wollte. Natürlich hatte er Straftaten begangen, aber Lea meinte durchaus ein Gewissen erkennen zu können. Der eigentliche Drahtzieher war vielleicht tatsächlich Thormann gewesen.

Lea setzte sich auf eine Bank. Es war bereits 8.25 Uhr.

»Soll ich uns einen Kaffee machen?«, fragte Krüger.

»Nein. Wir müssen gleich los«, sagte Lea. »Haben Sie gut geschlafen?«

»Nicht sonderlich. Nur ein wenig gedöst. Rieke ist irgendwann kurz nach Mitternacht eingeschlafen und wie Sie sehen, schläft sie noch.«

»Sie müssen sie wecken.«

»Muss das sein?«

»Ja, Herr Krüger. Sie müssen zurück in die JVA. Da führt kein Weg dran vorbei.«

Ihr Gespräch hatte das Mädchen geweckt. Rieke streckte sich und schaute verschlafen hoch. Sie fühlte sich sichtlich wohl in der Nähe ihres Vaters, obwohl sie diesen Mann nur von Fotos gekannt haben konnte.

»Bleibst du jetzt für immer bei uns?«

»Noch nicht, kleine Maus. Papa muss wieder nach Oldenburg. Irgendwann komme ich zurück und dann bleibe ich für immer hier.«

»Ich warte vorne in der Halle. In wenigen Minuten wird der Streifenwagen eintreffen und Sie abholen. Ich bringe Rieke zurück zu ihrer Mutter.«

Lea bestand darauf, dass Krüger ohne Handschellen abgeführt wurde. Ein letztes Mal umarmte er seine Tochter, gab ihr einen dicken Kuss auf die Wange, drückte ihr ihren bunten Schulranzen in die Hand und verabschiedete sich. Lea glaubte, Tränen in den Augen dieses harten Kerls gesehen zu haben. Rieke winkte ihrem Vater zu, als der im Streifenwagen davongefahren wurde. Traurig hielt sie ihren Schulranzen fest und ging mit Lea.

»Du hast aber eine schwere Schultasche«, bemerkte Lea, als sie das Teil auf den Rücksitz des Fahrzeugs stellte.

»Papa hat mir etwas geschenkt. Es ist da drin. Er sagte, es ist ein Geschenk für mich und ich soll gut darauf aufpassen. Was es ist, weiß ich nicht. Anschauen darf ich mir das erst, wenn ich zuhause bin.«

»Darf ich mal sehen?«

»Nein. Papa sagte, es ist ein Zaubergeschenk. Wenn jemand anderes es anschaut, verfliegt der Zauber und das Geschenk ist futsch.«

»Ach so, dann werde ich es lieber nicht anschauen«, sagte Lea mit einem Lächeln.

ZUSAMMEN MIT SVEN brachte Lea das Mädchen nach Hause. Riekes Mutter kam sofort nach draußen, als sie durch das Küchenfenster sah, wer da aus dem Wagen stieg. Sie weinte vor Erleichterung. Es dauerte eine Weile, bis sie wieder reden konnte. Rieke rannte sofort ins Haus, um ihren Schulranzen zu verstecken. Eine Vorsichtsmaßnahme, wie sie sagte, damit der Zauber erhalten bliebe. Ihre Mutter ging mit Tränen in den Augen auf Lea zu und umarmte sie.

»Danke, dass Sie mir Rieke wiedergebracht haben. Das mit Thormann, das war sehr mutig von Ihnen. Sie sind eine starke Frau. Die Kripo kann stolz sein, dass sie so eine taffe Mitarbeiterin hat.«

»Ich soll Ihnen von Herrn Krüger ausrichten, dass es ihm leidtut, was geschehen ist. Er wollte Rieke nichts tun.«

Riekes Mutter begann erneut zu weinen.

»Ich weiß. Horst ist kein schlechter Mensch. Er hatte nur Pech im Leben. Schuld an allem ist Thormann. Ich hoffe, dass wir Thormann nie wiedersehen.«

Die Frau ging zurück zum Haus. Lea wollte gerade ins Auto steigen, als Rieke angestürmt kam.

»Ich hab etwas für Sie. Ein Geschenk«, rief Rieke.

»Was für ein Geschenk?«, fragte Lea.

»Es gehört zu meinem Zauberschatz. Sie dürfen es nur bei Mondlicht anschauen, sonst zerfällt es zu Staub.«

»Hat dein Papa das gesagt?«

»Ja, Papa ist ein großer Zauberer. Wenn er wiederkommt, will er mir ein echtes Pony zaubern.«

»Danke, Rieke. Ich werde es einstecken und mir bei Mondlicht anschauen. Versprochen.«

Rieke lachte und rannte zurück zu ihrer Mutter.

Lea stieg nachdenklich ins Auto.

»Was ist los? Was wollte das Mädchen?«, fragte Sven.

»Erzähle ich dir später bei einer Tasse Tee. Jetzt muss ich ins Büro und mit dem Staatsanwalt telefonieren, danach fahre ich zu Flessner. Es gibt noch einiges zu organisieren und zu besprechen.«

Kapitel 30

Lea hatte sich Svens Auto geborgt und traf am späten Vormittag bei der Polizeidienststelle ein.

»Hallo, Herr Flessner. Ich wollte Ihren Gästen einen Besuch abstatten.«

»Moin, Frau Landgraf. So voll waren unsere Arrestzellen schon lange nicht mehr. Gut, dass wir die drei gleich zur Fähre bringen können.«

»Wie viel Zeit habe ich noch?«

»Eine halbe Stunde. Die Kollegen vom Festland kommen mit der Fähre um 12.30 Uhr, übernehmen die drei und kümmern sich um den Toten in der Bootshalle. Die Spurensicherung ist auch unterwegs.«

Lea ließ sich von Flessner zu Thormann führen.

»Hallo, Herr Thormann, ich möchte Ihnen einen Deal vorschlagen.«

Verwundert schaute Thormann zu Lea, als diese die Arrestzelle betrat.

»Ich möchte, dass Sie ein Geständnis unterschreiben.«

»Spinnen Sie jetzt total?«, sagte Thormann schroff.

»Sie helfen Herrn Krüger, wenn Sie dieses Geständnis unterzeichnen«, erwiderte Lea.

»Wie?«

»In wenigen Minuten werden ein Anwalt sowie zwei Zeugen auftauchen. Vor den Zeugen werden Sie mit Ihrer Unterschrift bestätigen, dass Sie damals in Wittmund am Steuer saßen. Sie haben den Unfall verursacht, bei der eine Frau getötet wurde. Es war nicht Herr Krüger.«

»Was habe ich davon, dass ich den Wisch unterschreibe?«

»Frau Tjaden wusste, wo sich der Großteil der Beute aus den Einbrüchen befand. Sie haben aus diesem Grund diese Frau massiv bedroht. Frau Tjaden hat mir dennoch versichert, dass Sie, Herr Thormann, Ihren Anteil bekommen, sobald Sie Ihre Strafe abgesessen haben, als Gegenleistung sollen Sie die Schuld für den Unfall auf sich nehmen und damit Herrn Krüger entlasten.«

Lea schaute ruhig, fast entspannt zu dem Mann, der sich gerade von dem einfachen Holzstuhl erhob.

»Sie haben die Beute nicht sichergestellt?«, fragte Thormann verwundert.

»Wovon reden Sie? Was für eine Beute? Ich habe keine Ahnung, wovon Sie sprechen, Herr Thormann. Soweit ich weiß, haben Sie auch nie Frau Tjaden und ihren Mann bedroht. Weder Frau Tjaden noch ihr Mann oder irgendjemand anderes wissen etwas von einer Geiselnahme.«

»Frau Hauptkommissarin, Sie überraschen mich immer wieder.«

»Ich hole jetzt die Zeugen. Es soll sichergestellt werden, dass Sie das Schuldeingeständnis freiwillig und ohne Druck unterzeichnet haben.«

Thormann nickte. Lea wollte auf Nummer sicher gehen. Sie kannte den Staatsanwalt. Er suchte immer nach dem Haar in der Suppe. Insofern hatte Lea das Geständnis kurzfristig von einem Richter aus Hannover formulieren lassen. Vier Zeugen, darunter zwei Anwälte von der Insel, waren anwesend, als Thormann seine Unterschrift unter den Text setzte. Vielleicht war der Aufwand übertrieben. Aber sicher ist sicher, dachte Lea.

Flessner und seine Leute brachten die drei Männer zur Fähre. Ein Bestatter aus Norden hatte die Leiche geborgen. Der schwarze Wagen mit dem Sarg stand auf dem Autodeck.

Lea kam gerade noch rechtzeitig. Das Schiff wollte in wenigen Minuten ablegen.

»Sie sind Hauptkommissarin Landgraf?«

»Ja.«

»Jacobs. Hauptkommissar aus Aurich. Ich muss ehrlich zugeben, ich hatte mir die Inselermittlerin ein wenig anders vorgestellt. Größer, kräftiger, resoluter.«

»Tut mir leid, Herr Jacobs, dass ich Sie enttäuschen muss. Frauen aus Hannover setzen mehr auf Köpfchen statt auf Muskeln.«

Jacobs lachte. »Sie gefallen mir. Ich denke, in Zukunft sollten wir mehr zusammenarbeiten, außer es kommt uns wieder ein Orkan in die Quere.«

»Gegen eine effektive Zusammenarbeit ist nichts einzuwenden.«

»Ich werde bei Gelegenheit den Staatsanwalt auf das Thema ansprechen«, sagte Jacobs freundlich.

»Herr Jacobs, kann ich kurz mit Krüger sprechen? Alleine. Unter vier Augen.«

»Wenn es sein muss, aber auf eigenes Risiko.«

FÜR JEDEN GEFANGENEN hatte man ein Fahrzeug vom Festland mitgebracht. Drei Beamte sicherten jeweils eins der Fahrzeuge. Nachdenklich saß Krüger in einem VW-Transporter der Auricher Polizei.

»Das soll ich Ihnen von Rieke geben. Sie hat es extra für Sie gemalt.«

Gerührt schaute Krüger auf die farbenfrohe Buntstiftzeichnung.

»Ich habe noch eine gute Nachricht für Sie. Ihr Fall wird noch einmal verhandelt. Thormann hat ein Geständnis unterschrieben. So wie es aussieht, werden Sie bald wieder ein freier Mann sein«, sagte Lea.

»Was bringt mir die Freiheit? Ich bin krank. Sterbenskrank.«

»Das weiß ich. Rieke und ihre Mutter möchten Ihnen helfen. Ich glaube, die beiden sind irgendwie zu einem kleinen Vermögen gekommen und wollen es mit Ihnen teilen. Ich denke, das Geld wird für eine Behandlung in einer Spezialklinik in der Schweiz reichen. Ich habe gehört, dass man dort sehr gute Erfolge in der Krebstherapie erzielt hat. Kopf hoch, Herr Krüger. Sie schaffen das.«

Lea öffnete die Tür vom Transporter und stieg aus. Sie hörte, wie die Maschinen der Fähre angeworfen wurden. Es wurde Zeit, von Bord zu gehen.

»Danke, Frau Hauptkommissarin!«, rief Krüger ihr hinterher.

Lea lief über das Autodeck zu dem letzten Polizeiwagen. Ein dunkler Passat. Sie klopfte an die Scheibe, woraufhin ein Beamter die Tür des Wagens öffnete.

»Hallo, Calvin! Du hast Glück. Ein Mann hat sich heute Morgen bei der Polizei gemeldet und den Mord gestanden. Es war ein Arbeitskollege des Toten. Morgen bist du wieder frei. Ein Tipp von mir: Lass dich nie wieder hier auf Norderney blicken. Tschüss!«

Sie sah, wie Calvin sie mit flehendem Blick ansah. Jetzt

war er, laut Staatsanwaltschaft, unschuldig. Für Lea war er es nicht. Calvin hatte sie betrogen, das würde sie ihm nie verzeihen.

Kapitel 31

Lea verließ die Fähre. Sie hatte nur ein Ziel: Tante Martha. Sie hatte das Verlangen, mit ihr zu sprechen. Vielleicht gab es ja auch Tee und Kuchen, dachte Lea.

Tante Martha, wie sie von allen liebevoll genannt wurde, war für Lea mehr als nur ihre Vermieterin. Sie war ein liebenswerter Mensch, mit dem man jederzeit reden konnte. Eine Frau, die sie ohne Worte verstand und die einfach nur eine herzensgute Seele war. Vielleicht war sie für Lea die liebe Oma, die sie nie gehabt hatte.

Tante Martha hatte Lea extra aufgetragen, ihren netten Freund mitzubringen. So besuchten Lea und Sven gemeinsam die alte Dame. Sven hatte einen bunten Blumenstrauß besorgt.

Lea klingelte an der Tür. Es dauerte nicht lange, da öffnete Martha Hinrichs mit einem freundlichen Lächeln die Tür. Lea musste ihre Vermieterin in den Arm nehmen. Warum, wusste sie nicht. Es war ein Bedürfnis.

»Mädchen, du siehst müde aus. Konntest du bei dem Sturm nicht schlafen? Wir Insulaner schlafen bei jedem Wetter, egal wie stark der Wind braust.«

Lea musste schmunzeln. »Nein, Tante Martha, es lag nicht am Sturm. Die Arbeit hat mich wachgehalten.«

»Kommt herein und trinkt eine Tasse Tee. Der macht dich wieder munter.«

»Danke. Deinen Tee habe ich die ganze Zeit vermisst. Nirgends schmeckt er so gut wie bei dir.«

»Ich habe gebacken. Was soll man auch sonst tun, bei so einem miesen Wetter. Raus gehen konnte ich ja nicht bei dem Orkan.«

»Der sieht aber lecker aus, Tante Martha.« Sven schaute mit großen Augen auf die Torte und griff sich sofort einen der Kuchenteller, die bereits paratstanden.

»Ostfriesensahnetorte, mit einem extra Schuss Weinbrand.« Lächelnd schob Martha ein dickes Stück auf den Teller.

»Darf ich danach noch Auto fahren?«, fragte Lea.

»Autofahren? Mein Kind, du gehörst ins Bett«, sagte Martha.

»Genau. Das sehe ich auch so. Nach dem Tee bringe ich dich zu deiner Wohnung und dann schläfst du dich aus.«

»Das wird schwierig. Auf mich wartet noch jede Menge Arbeit.«

»Keine Widerrede. Übrigens, du wolltest mir noch etwas über das Geschenk erzählen, das Rieke dir gegeben hat.«

»Das darf ich dir nicht erzählen, sonst erlischt der Zauber und das Geschenk verschwindet für immer und ewig.«

»Hat es mit der Millionen-Beute zu tun?«

»Wie gesagt, Sven, ich darf nicht darüber reden.«

»Soweit ich informiert bin, sind die Juweliere von den Versicherungen umfangreich entschädigt worden. Falls du etwas von der Beute bekommen hast, brauchst du kein schlechtes Gewissen zu haben.«

»Sven, ich habe kein schlechtes Gewissen. Ich habe nur ein kleines Geschenk von einem kleinen Mädchen erhalten. Nicht mehr und nicht weniger.«

»Dann kannst du es mir ja zeigen.«

»Sven, du verstehst es nicht. Das Geschenk ist magisch. Ich darf es niemandem zeigen.«

»Irgendwann wirst du es mir zeigen. Da bin ich mir ganz sicher.« Sven lachte.

Fast zwei Stunden saßen sie in der kleinen Stube von Frau Hinrichs, bis Lea zu gähnen begann.

»Ich glaube, ich muss jetzt los. Danke für den Tee und für den leckeren Kuchen, Tante Martha.«

Lea atmete tief durch, als sie wieder draußen auf der Straße standen.

»Jetzt könnte ich die ganze Welt umarmen«, lachte Lea.

»Es reicht, wenn du mich umarmst.«

»Ich fühle mich gut. Es ist ein tolles Gefühl, wenn man etwas trotz aller Widerstände geschafft hat. Am liebsten würde ich jetzt feiern, aber irgendwie bin ich auch tierisch müde.«

»Ich denke, ich bringe dich jetzt nach Hause«, sagte Sven entschlossen.

»Nein, das geht nicht. Ich muss ins Büro. Ich muss arbeiten«, erwiderte Lea.

»Nein, junge Frau«, lachte Sven, »jetzt gehörst du mir. Ich bringe dich nach Hause.«

»Unterstehe dich. Was gibt dir das Recht, mich zu meiner Wohnung zu zerren?«

»Ich kenne dein Geheimnis. Du verschweigst der Staatsanwaltschaft etwas. Ich behalte es für mich, wenn ich dich in deine Wohnung begleiten darf.«

»Das ist Erpressung, du Casanova. Ich werde dich …«

Lea schaffte es nicht, den Satz vollständig auszusprechen. Sven zog sie an sich und küsste sie.

Als er sich von ihr löste, sagte sie sanft: »Hey, das ist unfair. Du gibst mir keine Chance, mich zu verteidigen.«

Sven wiederholte den Kuss. Dieses Mal intensiver und länger.

»Du hast gewonnen.«

Lea löste sich aus Svens Umarmung.

»Wenn du dich anständig benimmst, darfst du mitkommen.«

»Das kann ich nicht versprechen«, sagte Sven.

ENDE

Über die Autorin

Die Autorin Ella Lorenz ist eine waschechte Ostfriesin. Sie lebt mit ihrem Mann und zwei Kindern in der Nähe von Leer in Ostfriesland. Sie liebt Ostfriesland, die Deiche, das raue Klima und die Menschen hier zwischen Meer, Moor und endloser Weite. Schon seit frühester Kindheit ist sie von Norderney fasziniert. Inspiriert von der Schönheit der Insel, schreibt sie spannende, unterhaltsame Geschichten, Romane und Krimis.

Die Insel-Ermittlerin: Vermisst auf Norderney

Ostfriesland, Juli 2020

Cover: Meinders Design

Lektorat / Korrektorat: Corinna Rindlisbacher, www.ebokks.de

Kontakt: Agentur MEINDERS Lortzingstraße 9

D 26810 Westoverledingen

Printed in Poland
by Amazon Fulfillment
Poland Sp. z o.o., Wrocław

82931203R00108